常见海难及其预防

Common shipwreck and its prevention

吴昌世　著

人民交通出版社股份有限公司

北　京

内 容 提 要

航海是涉及多门学科的专业。作为航运人员，除了掌握船只本身的构造特点外，还必须了解航行时海区的气象情况。航运人员在接受任务时，必须对这些情况以及有关部门的指示和规则要求等加以研究和掌握。海难的发生有多方面的原因，大多是行驶时对多方面因素的处理不当造成，而这涉及对关于航海的多学科知识和技术的掌握水平。本书旨在从过去发生的海难中，对事实进行理论分析，找出错误所在的根源，以便在今后的航海工作中，事先作出符合实际的妥善预防方案，避免重蹈覆辙。

图书在版编目(CIP)数据

常见海难及其预防 / 吴昌世著. —北京 ：人民交通出版社股份有限公司，2020.5

ISBN 978-7-114-16487-3

Ⅰ.①常… Ⅱ.①吴… Ⅲ.①海难救助 Ⅳ.①U676.8

中国版本图书馆 CIP 数据核字(2020)第 066816 号

CHANGJIAN HAINAN JIQI YUFANG

书　　名：常见海难及其预防
著 作 者：吴昌世
责任编辑：陈　鹏
责任校对：赵媛媛
责任印制：张　凯
出版发行：人民交通出版社股份有限公司
地　　址：(100011)北京市朝阳区安定门外外馆斜街 3 号
网　　址：http://www.ccpress.com.cn
销售电话：(010)59757973
总 经 销：人民交通出版社股份有限公司发行部
经　　销：各地新华书店
印　　刷：中国电影出版社印刷厂
开　　本：720×960　1/16
印　　张：6.25
字　　数：95 千
版　　次：2020 年 6 月　第 1 版
印　　次：2020 年 6 月　第 1 次印刷
书　　号：ISBN 978-7-114-16487-3
定　　价：35.00 元

目　　录

概　　述

据传，大约在2.5万年至3万年以前，随着人类的生活、劳动能力的提高，活动范围的扩大，人类的水上活动就出现了。最初人们的航行工具就是树干，后来出现了独木舟和气囊，随着人类的劳动经验的积累和提高，渐渐地出现了小型木船和把几个小皮囊连在一起的较大的皮囊船。在我国古代，西周初至春秋中叶的第一部诗集《诗经》中就有了“泛彼柏舟，亦泛其流”，“就其深矣，方之舟之；就其浅矣，泳之游之”的诗句。战国时，屈原在他的作品《涉江》中对人们乘船划行的情景做了生动的描述：“乘舲船余上沅兮，齐吴榜以击汰”意即乘着有窗户的小船溯水而上，到沅水，士卒齐举木桨，用力打击水波。

当时，人们行船就是根据岸上的草木、飞鸟，根据周边的山形水势，以及太阳、月亮和北极星等来确定船只的位置和航行的方向。当遇到天气变化、暴风雨来袭时，就将船驶到附近的港湾躲避。后来人们的经验积累得多了，就逐渐由内河发展到沿着海岸航行。

根据《资治通鉴》的记载，秦朝时，始皇帝曾派徐市（又名徐福）率领男女数千人的船队入海求三神山。

在人类历史上海上航行活动出现最早的国家除了中国之外，还有埃及、腓尼基、阿拉伯等国家。公元前25世纪左右，埃及人就驾船沿地中海到了亚细亚西岸。公元前10世纪时，在地中海南岸的腓尼基人的活动范围达到了塞浦路斯、西西里岛、撒丁岛和法兰西、西班牙等地。印度、阿拉伯国家的航海家也在印度洋沿非洲东岸向南到达莫桑比克等地。但那时没有罗经，很难辨别方向，只能沿着海岸线行驶。

随着航海活动的开展，人类的航海知识和技能水平也逐渐有了提高和发展。

公元前3世纪，在春秋战国时代（公元前770～公元前221年）我国已发明了可指向南方的磁性指向器——“司南”（见韩非子的《有度》）。到宋朝时，更将它制作成指南针罗盘。公元12世纪末、13世纪初，指南针传到了阿拉伯，阿拉伯人又把它传到了欧洲。虽然早在公元2世纪，古希腊学者托勒密经过研究，就已提出地圆说。1477年，佛罗伦萨地理学家绘制了世界地图，但这还只是假说。当有了指南针罗盘后，船舶在大洋上按既定方向航行才成为可能，为开辟新航线创造了条件。

我国明朝永乐三年（1405年），郑和（1371～1433或1435年）奉命率27000多人，乘200多艘船开始下西洋，前后28年共出航横渡印度洋7次，最远到达了非洲东海岸和红海沿岸。他的远航加深了中国和东南亚、印度、阿拉伯和东非国家的友好往来，这是航海史上的一次壮举。

15世纪中叶，奥斯曼土耳其帝国兴起，控制了去东方的路线，于是西欧国家为求发展，频频开展海外探险，当时最为突出的是西班牙和葡萄牙两国。它们多次派出航海家率船队探索新航线开辟殖民地。1488年迪亚士到达非洲南端的好望角。1492年哥伦布发现了美洲新大陆。1497年达·伽马经好望角于1498年5月到达印度，打通了东西方的海上航线。1521年麦哲伦从西班牙出发，穿越大西洋，经南美洲最南端的海峡（后来以他的名字命名为麦哲伦海峡），进入太平洋到菲律宾，再经好望角回到西班牙。通过环球航行，人们认识到地球是圆的，这是大航海时代，也是地理大发现的时代。由于东西方航线的开通，加强了各国各地区之间的交往，推动了经济贸易的繁荣发展，促进了文化交流和人类文明的提高。

多年来，海上航运确实对人类的进步做出了积极的贡献，但是在海运史上我们也可以看到大大小小多次的海难事故，使得人类生命和财产遭到巨大损失。据传，在明末清初，从我国装运丝绸运往西欧的十艘船中往往只有三至四艘能到达西欧，这说明海难的严重性。这也是我们今天应该警戒和预防的。

船舶在水上行驶时，必然会受到自然条件的约束，无论是航道、水流及风力、气象等，对它都有影响。

在我国唐朝玄宗天宝元年（公元742年）时，高僧鉴真应邀东渡日本，因种种原因出行了六次才成功，他第五次出海时遇到风暴，在海上漂流了14天才看到陆地，

16 天后被吹到海南岛的振州(今三亚)。

海上风暴的肆虐给航行中的船舶往往带来巨大的灾难,多年来不少帆船甚至大型轮船被它颠覆于海底。

1987 年,在我国广东省阳江市的海陵山岛,打捞出水南宋时沉没的装有大量瓷器的大木帆船,其在海底已沉睡了近 800 年。

到近现代,虽然航海人员的驾驶水平大有提高,气象预报的准确度也大有改进,但发生的海难仍然不少。如 1912 年英国的豪华邮轮“泰坦尼克”号碰撞到冰山,造成 1500 多人遇难;1991 年埃及渡轮“萨里姆”号在红海中航行时遇到风暴,偏离了航线,触礁沉没,造成 400 多人丧生;1987 年菲律宾的豪华邮轮“多纳巴兹”号由于被违规航行的“维克多”油轮撞击,发生大火,有 3000 多人葬身火海;在国内,1949 年我国的“太平”轮从上海驶往台湾时也是由于违规驾驶与一艘叫“建元”的货轮相撞,很快两轮均沉没,遇难及失踪人数有 700 多。

航海是一项涉及多学科的专业技能。作为航运人员,除了必须掌握船只本身的构造特点外,还必须了解航行时海区的气象情况,因为风力、风向、波浪及海流等情况是千变万化的。航运人员在接受航运任务时,必须对这些情况以及有关部门的指示和行业规则要求等,加以研究和掌握。只有对这一切都加以考虑、分析后,才能为完成下一步的航运任务制定出正确的航行方案。

“自由是对必然的认识和对客观世界的改造”。让我们从过往发生的海难中,对事实进行理论分析,找出错误所在的根源,以便在今后的航海工作中,事先作出符合实际的完美的预防方案,避免重蹈覆辙,达到尽量减少海难事故的目的。

海难的发生有多方面的原因。它们多数是由于行驶时对多种复杂因素处理不当造成的,而这涉及和航海有关的多学科知识和技术的掌握水平。为此,我们可以从以下几方面进行总结和分析:①航前的准备;②船舶稳性和气象、海况;③国际海上避碰规则;④航行中的定位;⑤船体强度;⑥执行当地的规定;⑦拖航;⑧防止意外情况的发生。

第一章　航前的准备

航前准备工作中存在的问题，主要是考虑不周的问题，看来我们必须对下列几方面的情况加以关注。

(1)首先对船舶的状况，如对核定的航区，主、副机的情况，静水航速，仪表的自差，消防和救生设备的情况及船舶的抗风等级等都必须了解；在制定航行计划时，要先对海图进行研究，根据适合本船的定位条件，作出计划航线，避免在夜间通过航行困难的水域；同时要预测可能遇到的天气情况、海流、波浪周期，选定船舶的稳心高度，使船舶的横摇周期避免与波浪周期相等或相近以免发生共振，并对有可能遇到的困难拟出补救措施。

(2)对淡水、食品，燃、润料及必须的物品、材料等要准备充足，以防不时之需。

(3)对船员的情况必须了解，如驾驶员和轮机员是否有相应证书、工作责任心和技术水平等。

在以往的航运史中有不少惨痛的沉船事故值得我们引以为戒。如 1914 年数万吨级的日本客货轮“地洋丸”号从南方驶往中国香港时，撞在担杆岛南岸而沉没；1967 年初在华南的雾季时，一艘 3000 吨级的挪威货轮从香港开航出港后，行驶了不过 5 海里，竟撞在担杆岛北岸而沉没；2012 年意大利的“科斯塔·康科迪亚”号邮轮(船长 290 米，排水量 11.45 万吨)于 1 月 13 日从罗马附近的契维塔韦基亚港出发，原定前往西北部港口萨沃纳，然后沿地中海北岸航行，前往法国的马赛和西班牙的巴塞罗那。但该轮在启航后仅数小时，就在吉利奥岛附近海域搁浅，船体被撕开一条 70 ~ 100 米长的裂缝，海水进入船舱，船身逐渐倾斜到 80 度。船上有旅客4229人,其中32人遇难。由上述海难可知,船舶在启航前,对可能遇到的情况进行研究、分析,并采取必要的防范措施是完全必要的。

“科斯塔·康科迪亚”号邮轮

案例1－1
古巴的万吨货轮“阿伊”号搁浅破损海难

日期:1970年。

地点:海南海峡北水道北口附近。

船舶情况:万吨级货轮。

经过:“阿伊”号货轮(波兰建造)在太平洋拟驶往越南的海防港时,其计划航线是过巴士海峡后,直航海南海峡北水道北口,并由此经过海南海峡驶往海防港。但船舶在北水道附近的浅滩搁浅,后在风浪中船底破裂,无法救助,只能弃船,虽船员由我国有关部门救出,但经济方面损失巨大。

分析与建议：

(1)对未曾航行过的水域制定计划航线时，首先对海图进行研究，并参考航路指南的说明，制定航线。而该轮在制定计划航线时，对此都未加以注意。首先，海图上所标出的雷州半岛南部的山，其高度都较低，本来通过计算可判断在该轮所拟定的航线上根本看不到这些山，即在进入北水道北口前，无法用陆标定位；而此时又没利用无线电测向仪测定硇洲岛和抱虎岭两座无线电指向标所发出的无线电信号，以测定船位。并且当时北水道并未设浮标。英版航路指南曾明确指出："海南海峡东口虽有三条水道，但只有中水道对外轮开放。当自东方驶向海南海峡时，应先找到北士岛和抱虎角，在定出船位后，即驶向中水道东口的 1 号灯浮标，然后跟着一系列的灯浮标驶到海南海峡，再驶往目的港。即使中水道灯浮标漂失，也有北士岛、抱虎岭和木栏头等陆标可定船位。"该轮不按上述指示航行，结果在北水道北口附近搁浅，后在风浪中船底破裂，无法救助，只能弃船。

(2)再考察一下我国大型船舶航经该水域的情况。我国的大型船舶在从东向西行驶进入海南海峡时，都是首先找到北士岛，然后经海南海峡中水道进入海南海峡，因中水道设有灯浮标导航。事实证明这是一条由我国设计开放的、切实可行的航道，这些陆标和航标在海图上都有标注。可惜此次海难发生时，该轮船长对此并未加以注意，且据说该轮船长只有 28 岁，经验缺乏，担任此远洋航行任务，责任是太重了。

案例 1－2
"峨嵋"轮沉没

日期：1955 年春。

地点：湛江港外硇洲岛东南方的礁石区。

船舶情况：近 1000 吨的货轮。

经过：1955 年春，该轮的任务是从珠江口驶往湛江。在到硇洲岛附近时已是夜间,能见度恶劣,但发现有一盏航标灯,其闪光周期4秒,船长误认为是硇洲岛灯塔(硇洲岛灯塔闪光周期5秒,灯高102米),遂以之导航,结果船触礁沉没。

分析与建议:

(1)当时是春季,在粤西沿海是雾季,能见度恶劣。硇洲岛东南水域礁石甚多,但硇洲岛东方的水深特点是,有一条20米的等深线,当水深少于20米时,说明船已靠近硇洲岛,也接近礁区了。这时如进行测深并探海底地质与积算船位相对照,以估计船位,并采取正确措施,比如下锚以等待能见度好转,在测准船位后,再起锚开航,这样才能保证航行的安全。当然在这种能见度恶劣的气象条件下,以白天到达为好,等看清目标再进港才稳妥。

(2)实际上,当时硇洲岛灯塔被云雾遮住,船舶是看不到它的,当时看到的闪光灯,其实是硇洲岛南侧一个灯浮标发出的灯光(该灯浮标灯质为白光,闪光周期4秒;而硇洲岛灯塔灯质为白光,闪光周期5秒)。灯塔、灯桩、灯浮标等航标灯或其他陆标,因气象恶劣被遮住而看不见的情况是时有发生的。像上述这种情况,由于闪光4秒和5秒的周期是很难分清的,且经长距离航行,积算船位也不准了,虽可用测定闪光灯方位和测水深在海图上估计船位所在,但在分不清闪光灯究竟是哪一座灯标的情况下,以此方法测出的船位也是无价值的。建议在这种复杂的情况下,还是下锚等待天气好转看清目标,测定出准确船位后再行动为好。据了解除此之外至少还有两艘船舶在硇洲东南的礁区触礁沉没,其中一艘是具有较新设备的远洋货轮,看来对海图上的等深线是必须予以注意的。

案例1-3
“跃进”轮海难

日期:1963年5月2日14时左右。

地点:在东海北部的苏岩,即约在北纬32度06分、东经125度11分42秒处。

船舶情况:长度169.9米,重载吃水9.7米,排水量22100吨,满载载货量

13400 吨，航速 18.5 节。

经过："跃进"轮是我国在 20 世纪 60 年代设计和建造的大型货轮，该航次的任务是于 1963 年 5 月 1 日从青岛港装运玉米驶往日本的门司和名古屋两港。根据上级指示，该航次的计划航线转向点要求离韩国的济州岛在 80 海里以外，故航线必须经苏岩以南通过。启航后，起初船舶航行都很正常，但在 5 月 2 日 14 时左右，突然，从船底发出巨大的声响，随之而来的是一阵剧烈的抖动，船身出现了很大的破洞，海水涌进船舱，情况十分严重，"跃进"轮随即向交通部发出求救电报，交通部即向国务院报告。当晚获知"跃进"轮已在公海上沉没，船员 56 人被日本渔轮救起，后由我军舰接回。当天，日本的广播电台报道说，"跃进"轮因中了三发鱼雷而沉没。根据日本电台的报道，似乎有某个国家在对我国进行破坏活动，而美、日两国政府都声称，该国在出事海域无潜水舰活动。在这种情况下，我国政府决定组织调查导致该轮沉没的真实情况，由周恩来总理亲自领导，海军东海舰队和交通部合作进行。当时的任务主要是要查明该轮是否被潜水舰放出鱼雷击沉，调查后得出的结论是，该轮因触碰苏岩礁石而破损沉没。

现对已知的航行情况进行分析如下：

(1) 该轮在出青岛港过朝连岛后，即无陆标可测定准确船位，苏岩附近水深资料亦无规律可利用，天测定位当然可以，但如遇阴雨天，不见日、月、星辰，则利用天测定船位也是不可能的。当时我国船上不可能有劳兰仪，但无线电测向仪应当是有的，航前如能做好准备，测出测向仪的自差值，在航行中利用测向仪测出日本男女群岛、福江岛及韩国济州岛上的无线电指向标所发射出的无线电信号来定船位，则是可行的。而且在过朝连岛前，可将根据无线电指向标测得的船位与陆标所定的船位相对照，求出误差；在船到转向点时，如将船上的无线电测向仪测得的以上这三个无线电指向标的方位，在海图上画出的船位呈一个不大的三角形时，则这个船位当是可靠的（以当时的技术设备而言，这当是一个可靠的方案）。据船员说："在发生巨响时，船距苏岩尚有 7 海里。"由于当时无准确船位，若以此来判断，当时船是按照计划航线和积算船位的推算来估算船位的。即在过朝连岛后，船上已无准确船位，特别是在行驶到计划航线上的转向点时，在无准确船位的情况下，竟然转向，这是造成海难事故的原因之一。即在经过长距离航行后，却用积算船位作转向点，在转向后又要经过一个危险的水域，这种做法实际上是一种冒险的行为。故在制定计划航线时，测定船位，特别是转向点和礁区附近的船位，必须要根据船舶的设备条件，用可靠和行之有效的方法来测定，使船处于安全水域；若船上的助航设备不能定出精确的船位，则宁可多走几海里，使船舶远离礁区，以保证安全。

(2)此外，据说在真实船首向与罗经船首向之间有1度的误差，若以此推算，从朝连岛至苏岩间约有330海里的距离，以每60海里有1海里的误差计，船将偏离计划航线约5.5海里，这是一个不小的数字，此外尚未计及风海流的影响。故航前对罗经加以检查，测出其误差值，并在航行中将误差值对罗经航向予以修正，是非常重要的。

(3)该轮船长上船仅3天就开航，以致对很多情况都不了解，如罗经首向偏差和无线电测向仪是否校正过，误差是多少，在这些都不明晰的情况下就开航是不妥的。因在大海上，当没有测向仪可资利用时，在看不到陆标而又不能用天测定位时，就无法测出准确的船位来。因此，作为船长必须在了解了船舶的基本情况后才能启航。

案例1-4
希腊货轮触礁海难

日期：1967年1月春节期间。

地点：珠江口桂山岛。

船舶情况：约5000吨干货轮。

遇难人数：船员及联检人员多名。

经过：该轮装载电石等货从国外进口，原先锚泊在珠江口外的桂山锚地，当晚间起锚驶往黄埔时，正确航线是航经牛头岛和榕树头灯桩西侧，经伶仃水道驶往黄埔,但当时有关人员并没从海图上看航线以明确应行驶的罗经航向,而是将香港大屿山的分流角灯桩误认作是榕树头灯桩(两者闪光周期都是5秒,且同为白光),而在夜晚又看不清山形,遂误从牛头岛与其南侧的中心洲之间的狭水道行驶,驶往分流角而不幸触礁,造成船体破损,海水进舱,电石爆炸,船舶沉没。

分析与建议:

分流角和榕树头两灯桩的闪光基本一致,在未核实海图上应驶的航向前,驾驶人员就根据无关灯标的闪光情况而行驶错误航向,这是造成了严重海难事故的根本原因。看来,即使在引航员操纵的情况下,船长也应时时关心目前船位及应行驶的航向,在发现有危险情况时,应立即接过指挥权自行操纵,并采取有效措施以避免危险情况的发生。这种能见到两个灯桩闪光基本一致的情况,多出现在能见到两个不同单位管理灯标的水域,如我国的珠江口与香港、澳门等地邻近的水域。但也存在灯塔附近设有灯质、闪光与灯塔近似的灯标的情况,因此从远距离外驶来而无准确船位的船舶必须要注意和谨慎驾驶。

此外,还必须注意的是管理该水域的国家(或地区)使用和设置的浮标是何种系统,我国和欧洲、非洲各国及澳大利亚、新西兰、印度、马来西亚、俄罗斯等国使用A系统;北、中、南美洲、日本、韩国、菲律宾及夏威夷等国或地区使用B系统。此外,海图所示水深和山高的单位是米、英尺还是英寸,亦须查明。

案例1-5
"大舜"轮沉没

日期:1999年11月24日23时38分。

地点:在山东省烟台市牟平区姜格庄北方的浅滩上,即北纬37度28分、东经121度47分处。

船舶资料:船长126.23米,宽20.00米,型深11.55米,总吨位5011,该轮是1983年在日本建造的客货滚装船,在日本已使用了多年,1999年2月由我国购入。

人员情况：此航次载有302人，仅20人获救，遇难者282人。

经过：该轮的任务是从烟台港开往大连港。其经过略述如下：11月24日9时，烟台气象局发布的气象预报：晚间风力7～8级，阵风可达9级。但该轮静水航速15节，烟台至大连89海里，虽受风浪影响，但7～8个小时也可到达，故船长决定于13时按时开航。当时船上有船员和乘客302人、汽车47辆。但开航2小时后，风力即加大到7～8级，为了减轻风浪对船体的冲击，船长将船速减为12节。在15时07分左右，值班乘警报告：舱内有汽车碰撞声，车辆可能移动。但领导未予理会。15时15分，由于浪大，船长请示公司，要求返航。经理答复：以有利安全为前提，同意视海上情况决定，由船长定夺。此时海面吹着西北风，风力8级，浪高5米。船长将船速减为10节，向右转掉头。并以220度的航向拟驶往烟台港，但由于风浪来自右舷，船的横摇角高达30度。由于船的横摇，使舱内的汽车相互碰撞，有的车翻倒了，燃油倾洒出来。大舱里弥漫着浓浓的燃油气体。当汽车再次相撞时产生的火花，使燃油气体燃烧，并形成火灾。16时21分，驾驶台在接到报警后，即采取措施用4条水龙带喷水拟进行灭火，但不见效，且火势越来越大。16时30分，船长通过电话向公司报告险情，并请求援助。16时35分，舵机失灵。而通往舵机间的通道又被大火封住，无法通过，应急舵无法使用。于是该轮只能停机漂航，随波逐流。16时45分，烟台海监局接到遇险报告后，除向上级有关领导报告外，还安排救捞局派出"烟救13号"拖轮前去施救，另有数艘船也到达附近，但因浪大，这些船均不能发挥救助作用。19时21分起，"烟救13号"轮虽数次想靠近"大舜"轮，并用撇缆枪射撇缆的方式，指望能带上拖缆，但均无效。20时41分，大火已烧到该轮二层甲板，该轮以倾斜12～13度的状态向东南方向漂移。23时25分，船倾斜到35度，此时风力10级，浪高6米。23时38分，船搁浅倾覆。沉船地点在牟平区姜各庄北方的浅滩上，即北纬37度28分、东经121度47分处。此次海难仅有20人获救，遇难者有282人，船舶沉没和货物损毁，经济损失达9000万元，后果十分严重。

分析与建议：

由于资料太少，仅知在船长减速后航速12节；在转向时，海面吹西北风、风力8

级，船横摇达30度。以这么少的资料很难作出高精度的分析。现仅能以前述资料，作出分析如下：

(1)管理方面：火灾发生的原因是船上所载汽车在未按规定予以固定的情况下，即启航出海，以致在风浪中引起汽车碰撞，从而引发火灾。此外，当乘警报告舱内有汽车碰撞声，领导却未予理会；当发现因油着火引起火灾后，企图以水扑灭油火，而且也不知通往舵机间有两条通道，从这些方面情况看，管理是混乱的，这是此次海难发生的主因。如果启航前，先将汽车固定好再出港，则汽车不会发生碰撞，而此次海难事故也就不会发生。

(2)关于在风浪中的航速：可按第四章中所述公式(4-1)进行计算，该公式如下：

$$U_{ws}/U_s = 1-(m/L+n)$$

由于逆风8级，取 $m=36$，$n=0.18$，则求得允许航速(U_{ws})为6.4节。风海流流速按须田皖次的公式，取风速的3%，8级风的风速以37节计，则得风海流的流速为1.1节。从海上允许航速中减去此值，则得估计航速为5.3节，若未发生火灾，则以此航速驶往大连，应还是可行的。而这些数字分析得出的结论和在海难发生后，一些老船长分析的意见是一致的，由此可见经验的重要性。

(3)关于船的横摇角达30度的问题：看来船的稳心高度(h 或 GM)可能不妥。按第二章的表2-3查得在8级风时，波浪周期(τ)为10.6秒，波长(λ)为175.3米，波高(H)为7.9米，则按第二章中的公式(2-6)求得波浪频率(σ) $=2\pi/\tau=0.593$ (1/秒)；依此可按公式(2-4)，以横摇角为30°进行推算，先求得船的横摇频率和横摇周期，再求得稳心高度值：

摆幅 $\theta_o=\pi(H/\lambda)/(1-\sigma^2/\omega_2^2)$(弧度)

已知摆幅 $\theta_o=30°=30/57.3=0.5236$ 弧度

按上述公式，求得 $\omega_2=0.694(1/秒)$

则按公式(2-3)求得船的横摇周期(T_2) $=2\pi/\omega_2=9.05$ 秒，再按公式(2-2) $T_2=kB/h_0$ 来求稳心高度，

则 $h_0=(kB/T_2)$

取 $k=0.78$，B 是船宽 20 米，

则求得的稳心高度 h_0，即 GM 值为 1.72 米。

由于原始报告中只谈到波高 5 米并未述及波长，无法计算；而现以波高(H)为 7.9 米，波长(λ)为 175.3 米，来进行计算，其计算结果所得的稳心高度值(h 或 GM)与实际情况是必然有出入的。

由于稳心高度影响到船的摆幅，而现在计算得出的稳心高度值较造船书籍中提供的参考值为大，且计算所得的横摇周期 T_2 之值为 9.05 秒，此值与 7 级和 8 级风所引起波的周期太近，容易发生共振，造成危险。现我们若把稳心高度(h_0 或 GM)的值假定为 1 米来进行计算，则船的横摇周期(T_2)值将为 15.6 秒，相应的横摇频率(ω_2)为 0.40(1/秒)，按公式(2-4)求得摆幅(θ_o)为 0.1182 弧度，等于 6.8 度。虽然船舶还有因风力引起的横倾，但横倾的角度不能达到 30 度。由此可见稳心高度值 h_0(GM)对安全航行的重要性。

在大风浪中掉头是很危险的，但如掉头时的横倾角不大，则以后的汽车碰撞、失火和船舵无法操纵等事故都不会发生。建议船长和公司主管部门对船的稳心予以高度关切和注意。稳心高度(h 或 GM)的值自以实测为准，但从船的横摇周期亦可求出其近似值[见第二章“船舶稳性”中所述的公式(2-2)]。由于船舶的横摇周期往往在船出海后即可测得，于是稳心高度的近似值也可计算得出；根据现有资料，波浪周期与风力有关，其值可于书本中查到，故当船的横摇周期与波浪周期相近时，应避免在横浪中航行，以防发生共振。

(4)关于油火问题：常识告诉我们，因油的燃烧而失火是不能用浇水灭火的。因油的比重比水轻，油将浮于水上，故浇水不但不能灭火，反而会使火势范围扩大，还将使船舶产生自由液面，恶化船的稳性。

(5)关于救人方面：在船已不可挽救时，必须考虑救人的问题。在这样大的风浪中，由其他船舶靠拢难船救人是不可能的，唯一的方法只有用救生艇，而在大风浪中放救生艇时，必须放少许油以镇浪，救生艇才得以行驶。

上述几个原因都是航前准备不足造成的。故出航前对准备和检查工作应予充分注意，只有在一切都符合船舶检验部门作出的出航要求时才能启航。关于在风

浪中由其他船放救生艇救人的技术措施,请参阅:第八章“防止意外情况的发生”中的“沃尔图诺”号的案例(案例 8-2)。

此外,在船长接船时必须对所接船各项设备的情况及操作要求有所了解,并能亲手操作。“大舜”号通往舵机间有两条路可走一事已查明(从图纸上查得属实),在情况紧急时应利用而竟未利用,看来船上领导对船的情况是不清楚的。而该轮是客货滚装船,且在日本使用多年,估计汽车舱内应装有扑灭油火设备。但接船时,对此未加了解,因此在发生火灾时,就不知船上尚有何设备可用。本人对此情况遇到过两次,有两位新来接船的轮机长接任后,竟然无法开动主机,后来还是把前任轮机长请回来启动后,船才开航。总而言之,船长必须对船舶的情况基本清楚,才能在需要时使用。

案例1－6
“托里坎约恩”轮驶错航道触礁沉没

日期:1967 年 3 月 26 日。

地点:在英国大不列颠岛西南的七石礁。

船舶情况:船长 305 米,吃水 15 米,超级油轮。

经过:“托里坎约恩”号巨型油轮在装载有 12 万吨燃油,从大西洋驶往英吉利海峡时,原拟从大不列颠岛西南的锡利群岛的西方通过,但船长临时将航线改为从该群岛的东方行驶,锡利群岛东方水域的航道是实行通航分隔制的,每个分航道的宽度都有 3 海里。在锡利群岛与南航分航道之间有一堆礁石,这就是七石礁。七石礁灯船在南航分航道与七石礁之间。故在从七石礁灯船以东的南航分航道向南行驶将是安全的。但船长却往灯船以西行驶,且不理七石礁灯船发出的警告信号,结果船撞上了七石礁,造成船沉没和大量货油流入海中,造成严重污染海水的重大海难。

分析:在七石礁的东面有一艘灯船,灯船以东是向南的通航分道,该南航分航道宽约3海里,且最小水深也有49米,这是供大船行驶用的。在七石礁与其西南的锡利群岛之间有一条通航分道之外的沿岸通航区,船如从北方进入该航区时,船舶定位困难,这只是供熟悉当地情况的小船使用的。不知船长为何不走通航分航道而要经沿岸通航区行驶,估计他是没有仔细研究海图。

案例1－7
“卡米拉”号货轮的弃船案

经过:“卡米拉”号是一艘芬兰造的货轮,该轮于2016年5月行驶到大西洋西北部加拿大国以东的纽芬兰海滩附近时,船上润滑油已用尽,不能再起动主机。当时有大浪,且龙卷风即将到达,而救护拖轮不可能在龙卷风到达该轮位置之前赶到,故只能弃船逃生。

分析与建议:看来该轮在起航前准备不足,连备用润滑油都未有充足的储备,这作为轮机长是不能推卸责任的。且龙卷风在出现后,对其移动路径,气象台也有预报,该轮可以在还有润滑油时,驶往安全海域锚泊,以等待救护拖轮的到来,这也是我们在大海上接到台风预报时常采取的防范措施。但该轮并未这么做,最后只能由直升机将船员全部救出。这次弃船是一次很反常的海难,他们之所以这么做的原因,我们不得而知。

案例1－8
“江1号”(化名)小客轮的沉没海难

日期:2000年6月22日6时30分。

地点:西部某省的长江上。

船舶情况:“江1号”轮是一艘小型铁壳客轮(旧)。

经过:2000 年 6 月 22 日 6 时,该轮载有 200 多乘客,逆流驶往 3 公里外的榕山镇。这时江面已有雾,到 6 时 30 分,客轮驶入榕山剑口水域,此时江面上的雾越来越浓,能见度降至不足 10 米。为了安全起见,驾驶员拟在安全水域锚泊,等候雾散后再开航,但在"船主"及部分旅客的要求下,驾驶员遂以开慢车的方式继续沿北岸上行。由于雾大,看不见岸上目标,他不知此时船已偏离航线向浅滩驶去。突然前方发现了礁石,他虽立即扳舵想改变航向,但在巨大惯性的作用下,避让无效,终于撞在礁石上,船即倾覆。这次海难造成 130 多人遇难。

分析:这艘小客轮所发生海难的经过很简单,但其原因却是严重的,根据报道分析,造成海难的原因主要有下列几条:

(1)驾机和管理人员的业务水平很关键:从一系列操作情况看,该轮的驾驶员在船工作资历短,经验缺乏,在能见度清晰,航行于短距离间似乎尚可应付;一旦遇到天气恶劣,情况复杂时,是要根据具体情况,作出正确判断,采取应变措施,并加以执行以求得安全的,则这些驾驶员看来是难以胜任的;关于未执行船舶检验部门的规定以致严重超载方面,售票员说,自己不懂何为"严重超载",于此可见其水平;

(2)船舶管理方面:在 6 时 30 分,当江面的雾愈来愈浓,能见度不足 10 米,船舶开航很困难,可是出于"船主"及部分旅客的要求,驾驶员只得采取了减速航行的措施,最后触礁造成沉船的海难。从现象看,这是一件因触礁而沉船的海难,但从船舶管理方面看,这里涉及几个问题;首先这个"船主"不知是指船长还是船舶所有人。若是船长,则当他认为值班驾驶员操作不当时,就应接过来自己操纵;若是船舶所有人,则因他是船东,他应考虑按他发出的命令所执行的后果,若有差误,他就要担负全部责任。现在由于执行其命令而造成船沉且死亡 130 多人的严重后果,这是犯罪的行为。再者,当值驾驶员未将当时的实际情况和可能会发生的危险反映给"船主"而径直执行"船主"的命令也是错误的。"船主"和驾驶员都未执行其各自的职责,他们工作是违规,不合法的。事实上,若当时先锚泊,等雾散后再开航,则这个海难根本不会发生。船舶所有人和驾驶员的职责就是保证船舶和人员的安全。故船舶所有人未安排合格的正驾驶(船长)和正司机(轮机长)来管理和操纵船舶是严重的失误,他的问题是造成海难发生的主因;

(3)船舶倾覆的内因:现在让我们根据船沉的情况,来分析一下该船所存在的问题,即找出内因,以便在今后能采取必要的措施以防患于未然。据报道:船在低速航行中时,舵手突然发现礁石,虽立即扳舵,想改变航向避开礁石,但船在巨大惯性的作用下,仍然向前冲,只听见"嘭"的一声响,该轮在碰撞礁石后,竟底朝天倾覆,并迅速下沉。

从上述报道可知,这次该轮的触礁沉没的经过,和前述几艘船触礁沉没的情况完全不同,前几艘船都是在触礁后,船壳破损,船舱进水,然后沉没的。而"江1号"轮则是在触礁后即倾覆的。从操作方面看,舵工为改变航向以避开礁石,曾扳舵。这就使船产生横倾,按第二章公式(2-14)可求得船的横倾角:

$$\theta = 1.1u^2(KG - T/2)/(h_1 L)$$

式中:θ——横倾角(°);

u——船速(米/秒);

KG——船舶重心在龙骨上的高度(米);

T——船舶吃水(米);

h_1——经自由液面修正的初稳心高度(米);

L——船水线长(米)。

从上述公式即可看出,当稳心高度(h_1)的值很小,而重心高度(KG)的值很大时,则船在转向时的倾侧角 θ 就很大,于是在碰撞礁石后,船就会出现倾覆。这艘船之所以底朝天颠覆实是和旅客超载,并多坐在主甲板以上部位直接有关,这是完全违背船舶检验部门所限定的乘员人数,开航时大大超员,于是就最后造成了130多人遇难。故超载是造成这次海难的重要原因。也就是说船舶检验部门的规定是不能违背的。

此外,报道中未谈到有穿救生衣的人,不知该轮配备救生衣的情况。不过由于旅客超载,估计救生衣也是不足的。

总之,船舶所有人和公司总经理必须要遵照港监部门的要求,为船舶和公司配备合格的驾、机和管理人员,并要考虑船员素质;开航前,要了解天气情况,要在符合船检部门核准的条件下才开航,以防止船只在启航后出现风险。

案例1－9

“泰坦尼克”轮触碰冰山沉没的海难

日期:1912 年 4 月 14 日 22 时 20 分。

地点:北大西洋西部,加拿大国纽芬兰岛外侧以南约 160 公里处。

船舶情况:“泰坦尼克”轮是一艘大型豪华邮轮,长 269 米,宽 28.2 米,排水量 6.6 万吨,它有 16 个水密舱,航速:24～25 节,船舶所有人是英国白星轮船公司。

“泰坦尼克”轮

人员情况:船员和旅客共 2000 多人,有 1503 人遇难。

经过:“泰坦尼克”轮是当时世界上最大、航速最快的巨轮。船舶所有人“白星公司”对此进行了大力宣传,该航次是从英国南部驶往美国纽约。该轮船长曾发出重誓:“要在这次横渡大西洋期间,赢得‘最快速度横渡大西洋’的蓝色大绶。”启航前,船公司考虑到该轮的特殊地位,及其在世界航运业中的影响,为这次出航做了足够的准备:对各个机器的情况及安全设备都做了仔细的检查,对船长及驾、机人员都进行了缜密的挑选和有条不紊的训练。1912 年 4 月 10 日“泰坦尼克”轮从英国的南安普顿港启航开往美国纽约。4 月 14 日靠近北美大陆,这里有不少冰山,是多冰的危险水域。来往于这条航线上的邮轮如英国的“卡伦尼亚”轮、“波罗的海”轮和德国的“美洲”轮都曾将发现的冰山情况告知“泰坦尼克”轮，提醒“泰坦尼克”轮注意他们已发现的冰山。在冰山附近有一艘船停着，该轮驾驶员曾发灯光信号告知“泰坦尼克”轮海面冰山的情况，但“泰坦尼克”轮没有接。船长考虑到航线附近有冰山的危险，将航线改成偏南些，船的航速有21节。此时，气温越来越低，穿着厚厚的棉大衣，戴着暖和的海员帽仍觉得越来越冷。突然，在22时20分，瞭望台上的瞭望员透过浓浓的黑雾发现了前方有冰山，他即发出警报，在接到警报后，驾驶台立即改变航向进行闪避，使冰山在船舷漂浮而过。但船舷还是擦碰了冰山，这就使该轮右舷产生了一条长约100米的巨大裂缝，有五个舱进水，这就超过了该轮四舱进水不沉的设计。在这种情况下，船的沉没是不可避免的了，下一步的任务是救人。但该轮救生艇不足，不能搭载全部旅客和船员，于是就产生了1503人遇难的大海难。

分析与建议：

(1)航线方面：在有几艘船将所发现的冰山情况电告“泰坦尼克轮”后，该轮虽然调整了航线，但航线仍偏北，以致撞到冰山，看来这和船长思想上的要想取得“赢得最快速度横渡大西洋的蓝色大绶”有关。

(2)关于冰山方面：冰山的水上部分和水下部分的体积之比约为1∶9。由于冰山的水下部分很大，因此当看到冰山还很远时，其水下部分离船可能已很近了。

(3)关于瞭望问题：在航行中注意瞭望和关注周围情况是每个驾驶员应尽的职责。但本航次，值班驾驶员对附近船舶发来的有关附近冰山情况的灯光信号竟未接收，这就失去了避免船撞冰山的最后机会。当时，气温很低，这已表示附近有冰山，而航速达21节，即每分钟船将前进648米，这种速度在能见度不佳的情况下是太快了，如果航速较低，并在接到报警后立即采取大角度的转舵避让措施，则是有可能避开冰山的。

(4)关于遇难人数问题：在航前，公司对该轮的检查工作做得很细，但竟未发现救生设备不足的问题，这就产生了遇难者达1503人的重大海难。看来这是工作中的“百密一疏”造成的，也是我们工作中必须注意的。

第二章　船舶的稳性和气象、海况

一、稳性方面

船舶的稳心高度值(h 或 GM)对安全航行有重要影响,船舶在波浪中的横摇角度和摇摆周期都和稳心高度值有关;我国的船舶检验局的《海船法定检验技术规则》对此作出了规定。要求船舶在无航速,受横浪作用发生共振横摇,当摇至迎风一舷最大摆幅时,受一阵风作用而不致颠覆。该规则以此为最危险的情况来考虑,有关衡准和规定都是以此为前提出发的。此规定内容大致如下:

稳定衡准数 K:

稳定衡准数 K 是对船舶稳性的重要基本要求之一,上述规则规定船舶的稳性,应符合下列不等式

$$K = M_q / M_f \geqslant 1$$

$$\text{或 } K = l_q / l_f \geqslant 1$$

式中:K——稳性衡准数;

M_q——最小倾覆力矩(l_q 为最小倾覆力臂),它表示船舶在最危险情况下,能抵抗外力矩的极限能力;

M_f——风压倾斜力矩(l_f 为风压倾斜力臂),它表示在恶劣海况下,风对船舶作用的动倾力矩(力臂);

$K \geqslant 1$——风压倾斜力矩小于使船舶倾覆所必需的最小倾覆力矩(至多是相等),这时船不至于倾覆,因而认为具有足够的稳性。

(1)最小倾覆力矩 M_q(或最小倾覆力臂 l_q),是根据静稳性曲线或动稳性曲线及横摇角来确定的;M_q(或 l_q)的值因装载情况不同而变化。

(2)风压倾斜力矩 M_f(或力臂 l_f)值的计算:

$$M_f = 0.001pSZ \quad (\text{吨} \cdot \text{米})$$

$$\text{或}\ l_f = 0.001pSZ/C\Delta \quad (\text{米})$$

式中:p——单位面积计算风压(千克/米^2);

S——船舶受风面积(米^2);

Z——船舶受风面积中心至水线的距离(米);

$C = 1.0$;

Δ——所核算情况下的船舶排水量(吨)。

所述规则把航区分为四类,即远洋航区、中国近海航区、中国沿海航区和中国沿海遮蔽航区;单位计算风压(p)的值因航区的不同而变化,见表2-1。

单位计算风压 p(千克/米^2)　　表2-1

航　区	受风面积中心距实际水线的垂直距离 Z(米)						
	3.5	4	4.5	5	5.5	6	6.5
远洋	116	121	125	129	132	134	136
近海	63	66	68	70	71	72	73
沿海、遮蔽	31	33	34	35	36	36	37

按上述数字计算,则相当于蒲氏风力为:远洋为13级,近海为10级,沿海为8级;为安全起见,可取远洋为12级,近海为9级,沿海为7级。

但在使用上述单位计算风压 p 值时,必须了解到 M_q(或 l_q)的值必须大于 M_f(或 l_f)的值。

在实际操作中,由于装载情况不同,当最小倾覆力矩(M_q)或最小倾覆力臂(l_q)的值没掌握时,就不要轻易以上述单位面积计算风压(p)为依据,而以采用改变航向的措施来避免风浪来自正横方向为好。

在具体操作中,如对一些事物疏于注意,有时会影响安全。如对所装货物未予固定,当航行中遇到大风浪时,货物就会移动,使船舶发生倾斜,且可能造成船舶倾覆;当船舱进水则会产生自由液面,从而降低稳心高度至负值,造成船舶的倾覆。工程船因施工的需要,其设备和工具往往置于露天甲板上,但在航行中,如未予固定,则在遇到大浪打上甲板时,不但在主甲板上的物品可能被海浪卷入海中,造成损失,物品的移动还可能撞坏船体;货轮载于露天甲板的重件落海还可能影响船舶稳心高度的变化和船舶的横倾。如下述的“北 2 号”石油钻井平台在被拖航前,甲板上的钻杆、氧气瓶和打桩锤等物品未及固定,拖航后遇到大风浪,海浪打上甲板把这些物品冲得七零八落,船员却不能前往抢救。因为此时如果有人走到甲板上,恐怕未等站稳就会被甩到海里(关于此次海难的重要原因,后面还有论述)。从上述资料中,可看到有数艘船所发生的海难是与稳性有关的,现将有关理论和公式简述于后,供参考:

(1)船舶横摇的自摇周期和频率

据专著论述:根据大量实船测量的结果表明,船在静水中横摇的自摇周期值(T_2)和在海浪中的横摇周期平均值(T_H)是很接近的,应该说船在波浪中的横摇周期的平均值和船在静水中的横摇自摇周期没有多大差别。

船舶横摇的自摇周期应以《海船稳性规范》规定的下列公式计算:

$$T_2 = 0.58f\sqrt{(B^2 + 4KG^2)/h_0} \tag{2-1}$$

式中:T_2——船舶自摇周期(秒);

h_0——所核算装载情况下,船舶未计及自由液面修正的初稳性高度(米);

B——不包括船壳板的最大船宽(米);

KG——所核算装载情况下船舶重心至基线的垂向高度(米);

f——系数,按船舶的 B/T 值由下表查得:

B/T	2.5 及以下	3.0	3.5	4.0	4.5	5.0	5.5	6.0	6.5	7.0 及以上
f	1.0	1.03	1.07	1.10	1.14	1.17	1.21	1.24	1.27	1.3

T——船舶平均吃水。

但在不知船舶重心至基线的垂向高度值(KG)时,可用“船舶在静水中自由颠簸周期”的近似公式,对船舶的横摇周期作近似计算;在稳心高度也不知时,该式也

可以实测船舶横摇周期来进行估算稳心高度值;该式如下:

$$T_2 = kB/\sqrt{h_0} \tag{2-2}$$

式中:T_2——横摇周期(秒);

B——船型宽(米);

h_0——稳心高度(米);

k——船型系数,可参考表2-2。

船型系数 k 值表　　表2-2

船　　型	系　数　k
巡洋舰	0.78
小型客船	0.77
重载货船	0.78
轻载货船	0.81
曳网渔船	0.76
拖轮	0.76
较大快艇	0.80

船舶的自由横摇频率可以下式计算:

$$\omega_2 = 2\pi/T_2 \tag{2-3}$$

式中:ω_2——在静水中船舶自由横摇频率(1/秒)。

(2)风与波浪的关系

船在波浪中的横摇情况,除初稳性的因素外,风力、波长、波高也是关键因素,为了防止在横浪中航行而船舶的横摇周期因与波浪的周期相同而发生共振(此时船舶将难以操纵。据有关资料报道:对大西洋而言,此不利周期为7.5~8秒等),故对波浪的周期应予以关注,根据前人的观察和研究,可以下述的公式(2-5)求得波浪的周期,在没有上述资料时,可以用表2-3的资料求得波浪周期的数值。

(3)关于船的横摇周期与波浪周期引起船在波浪中的横摇角估算的问题

船舶的横摇周期与船型、船宽及稳心高度有关,在作粗略估算时,可用公式计算,或用实测求得。

风速与波浪关系表 表 2-3

风		波浪		
蒲氏风力（级）	风速（节）	波周期 τ（秒）	波长 λ（米）	波高 H（米）
6	24	7.2	79.9	5.3
7	30	8.9	123.2	6.6
8	37	10.6	175.3	7.9
9	44	12.6	247.9	9.4
10	52	15.2	359.8	11.3
11	60	18.3	524.4	13.7
12	>65	22.0	758.8	

在下述的公式(2-4)中,虽列出了计算摆幅的公式,但该公式没考虑水阻力的影响,而水阻力在共振区域内是起很大作用的,且该公式是以初稳性高度的值来进行计算的,故在大倾角的情况下,利用该公式所计得数字和实际情况是有出入的。虽然如此,但共振仍是摇摆中最危险的情况,且波浪的情况很复杂,故当拟在横波中航行时,由于海上情况不明,建议对此加以注意。

来自舷侧波浪产生的横倾角,可按下列“波浪中的颠簸摆幅公式”估算(见上述说明):

摆幅:$\theta_0 = \pi(H/\lambda)/(1-\sigma^2/\omega_2^2)$ （弧度） (2-4)

1 弧度 $=57.3°$

船的横摇周期:$T_2 = kB/\sqrt{h_0}$ （秒）

船的横摇频率:$\omega_2 = 2\pi/T_2$ （1/秒）

波长:$\lambda =$ 米

波高:$H =$ 米

波浪的周期:$\tau = 0.8\sqrt{\lambda}$ （秒） (2-5)

波浪的频率:$\sigma = 2\pi/\tau$ （1/秒） (2-6)

波速:$c = 1.25\sqrt{\lambda}$ （米/秒） (2-7)

最大波面角：$\alpha_0 = \pi H/\lambda$　（弧度）　(2-8)

（见《船舶原理》，罗卡塞维奇等著）

从公式(2-4)中可看出摆幅与波高/波长的值有关，在曲折的航道中，有时波高仍不变，但波长却变短了，这时就会产生大摆幅，这是应予注意的。本人就曾遇到过这类事。现将造船书籍上提供的不同类型船舶的有关稳心高度的参考值列于表2-4。

表2-4

船舶类型	稳心高度(米)
客轮	0.3～1.5
干货轮	0.3～1.0
油轮	1.5～2.5
拖轮	0.5～0.8
破冰船	1.0～4.0

(4)风力所引起的船舶横倾角估算

关于来自舷侧风所造成的横倾角，可分为：①以稳定风产生的横倾力矩；②以突然而来的疾风产生的倾斜力矩来分别进行估算。

受风面积(S)(平方米)：以船舶水线以上部分在纵剖面上的投影面积为受风面积，亦称帆面积。受风面积的重心，称为帆心，帆心的高度是指帆心在水线以上的高度。

船舶所受的总风压(P)如下：

$$P = pS/1000 \quad (\text{吨}) \tag{2-9}$$

式中：p——风压(公斤/平方米)；

而

$$p = 1.3w^2/16 \tag{2-10}$$

式中：w——风速(米/秒)。

(a)稳定风产生的横倾力矩(M_o)(吨·米)，可以下式估算：

$$M_o = P(Z_n - T/2) \tag{2-11}$$

式中：P——风压（吨）；

Z_n——帆心在龙骨以上的高度（米）；

T——平均吃水（米）。

（b）突然而来的疾风产生的横倾力矩（M_o）（吨·米），可以下式估算：

$$M_o = P(Z_n - KG) \tag{2-12}$$

式中：KG——船舶重心高度（米）。

因风压产生的船舶横倾角（°），可以下式估算：

$$\theta = \tan^{-1} M_o / (\Delta \cdot h) \tag{2-13}$$

式中：Δ——船舶排水量（吨）；

h——船舶初稳性高度（即 GM）值（米）。

（5）船舶在旋转时的倾侧角估算

船舶在旋转时的倾侧角可以下式估算：

$$\theta_{\mathrm{r}} = 1.1(u^2 / (h_1 \cdot L))(KG - T/2) \tag{2-14}$$

式中：θ_{r}——船在旋转时的倾侧角（°）；

u——船的直线运动速度（米/秒）；

h_1——船的经液面修正后的初稳性高度（即 GM）值（米）；

L——船水线长（米）；

KG——船舶重心至基线的垂向高度（米）；

T——船舶吃水（米）。

公式（2-14）所述只是在平静水面上的倾斜角，在有风浪时还要考虑风力的影响（公式2-13）和因波浪而产生的摆幅（公式2-4）。

此外在公式（2-4）中，可看出摆幅的大小与波高对波长的比值有关，当比值愈大时，则摆幅也愈大。由于在波峰处的摆幅值较其他处为大，故在转向时应避开。且在上述公式中，可看出当船速愈大时，倾侧角也愈大，故在风浪中转向时，对船速及波峰的情况需予以注意。

而当舵面积颇大，且在操舵很快时，其倾角将超过稳定旋转圆上倾角的1.2～1.5倍。所以对有良好旋回性能的船，在全速下很迅速地转舵是很危险的。

前文谈了数艘船倾覆的案例，现对其中一些船的海难情况进行分析。

案例2－1

对“甲”轮遇难经过的分析

日期：1986年6月16日21时10分。

地点：印度洋西部的洋面上。

船舶资料：船长101.45米，宽16.40米，深8.60米。

吃水：6.0米。

遇难人数：当时船上有31人，仅2人获救，遇难者29人。

经过：“甲”轮是在罗马尼亚新建造的5000吨级货轮。我国船员接船后，即在罗马尼亚国的康斯坦察港装钢材(盘条)，但罗方装货质量不佳，有些货堆放得很松，还有的盘捆得不紧，吊起来就散了。该轮于1986年4月1日离罗马尼亚，4月5日过苏伊士运河。由于在航行中主、副机经常发生故障，故只能在红海口的吉布堤港停泊修理主机。修好后，船于6月11日启航。但只走了1天，电机又出了毛病，只好停在索马里海面修理，故障排除后，船于13日继续航行。进入印度洋后，船先向南驶，再转向东，估计是经索马里以东的索科特拉岛以南行驶。此时已是6月，印度洋北部，是西南季风期，风大浪高，而船的航向偏东，即船的右舷受强风吹袭，波浪也来自前进方向的右后侧。16日20时50分，当船航行在印度洋西部洋面上时，主机发生故障突然停车，由于无前进速度，舵已无作用，船遂呈侧面受风浪状态，剧烈横摇。21时虽进行了主机起动工作，但同时也发生了货动，于是船向左大角度倾斜，并很快倾覆沉没。该轮当时有31人，在海难发生后，只有5人爬上放入水中的救生筏，在随波逐流的9天内，3人渴死；到第24天，由路过的日本货轮发现，救起2人。故仅2人生还回国，29人丧生于海难中。

分析与建议：

(1)主机质量差：在大风浪中突然停车是造成这次海难的主要原因；该轮原计

划在4月启航，若在4~5月过印度洋，则这时印度洋北部是风平浪静的，但因主、副机质量差，需修机因而耽误了时间，致使船到6月才能从红海出发。进入印度洋后，已是西南季风期，风大浪高。当船在正常航行时，主机突然停机，于是造成了海难。该轮是新造船，机器是新安装的，而每部机器都有其特性，看来今后不但在船厂试机和试航时，要有机械制造厂的主管工程师参加，如果是新型机还要主管工程师随船航行1~2日，使轮机长知晓机械特性和排除故障的方法。

(2)货物装载方面：货装得不好，且未加以固定，以致在6月份进入印度洋遇到大风浪，当船的横摇角超过了货物的休止角时，就发生了货动，使船倾覆。船在大洋航行时，必须要将货物固定好后才能启航，这是不能马虎的。

(3)在制定航行计划方面：看来船上未将航行计划上报公司，也未按照英版"世界航路"所推荐的航路行驶(在该资料上，推荐于5~9月份，船从红海口东驶的航线是经索科特拉岛以北，到北纬13度、东经55度处，再向东经由8度水道东驶)，该轮在进入印度洋后，先向南再向东行驶，以致远离对船的推荐航线。且由于未报航行计划，故在船出海难后，公司完全不知船的动态，也无法救援。如公司知船的航行计划及启航时间，则在1~2天内收不到该轮的电报时，就可通知航行在该轮计划航线附近的船去找，这样能活着回来的人就会多些；且因未按推荐航线行驶，在船沉后，乘救生筏的船员在救生筏漂流过程中，一直见不到附近有船，直到24天后，才被路过的日本船救起；如按推荐航线行驶，则遇到其他船的机会会多些，也即活着回来的人可能会多些。

(4)看来由于船的稳心高度不当，使船的横摇周期与波浪的周期太接近，以致当船无前进速度、舷侧受风浪时，产生的横倾角超过了能使货物发生移动的休止角，于是发生了货动，而船的倾覆也就不可避免了。由于未见到船的稳性高度资料，也未见到船在航行中的船舶横摇周期值记录，因此无法估计船在风浪中遇到的实况，现以英版"世界航路"所提供的资料分析如下：每年6~9月，在印度洋北部特别是阿拉伯海西部吹强烈的西南风，风力6~7级。现以7级估计，则风速30节，波浪周期8.9秒，波长123.2米，波高6.6米。若船的横摇周期与波浪周期相近，就会发生共振，船即可能倾覆。按前述公式(2-2)计：

$$T_2 = kB/\sqrt{h_0}$$

式中：T_2——周期，取8.9秒；

k——取0.78；

B——船宽，取16.4米。

按公式(2-2)计，则得 h_0(即 GM)值为2.066米。这个数字显然超过了造船书籍上所提供参考值(0.3～1.0米)。若当时的 GM 值为0.8米，按公式(2-2)计，则所得的横摇周期 T_2 的值将为14.3秒，即船的横摇频率按公式(2-3)计，为 $\omega_2 = 0.4394(1/秒)$；波浪周期为8.9秒，则波浪频率当为 $\sigma = 0.7060(1/秒)$，再按公式(2-4)计，测得横摇摆幅仅为6.1°。于此可见 GM 值对横倾角的影响(由于风的影响，横倾角的度数要比此值大些)。对此希望各轮船长和驾驶员对船的稳心高度和在不同风浪中可能产生的横倾角和波浪周期要予以注意。

(5)关于燃、润料方面：这种配以杂牌中速内燃机的船，从国外回国若要经过大浪区，除润滑油必须按其要求外，燃油是否可考虑用轻柴油(Gas oil)，这样费用会高些，但对安全有利。

案例2－2
对"乙"轮倾覆的分析

日期：1983年11月11日20时45分。

地点：山东省石岛以东，约在北纬36度07分01秒，东经122度51分00秒处。

船舶资料：总长99.23米，宽14.30米，重载吃水5.516米，冬季载货定额3000吨，主机功率2000马力，航速12节。

船员情况：船员44人，获救21人，遇难23人。

经过：该轮船是1959年在上海建造的一艘3000吨级的尾楼型杂货船。该轮于1983年11月10日载货2856.8吨，自天津新港开往上海，船上有船员44人。航前气象预报为：渤海和黄海北部有北到西北风，风力7级，有大浪。但在整个渤海航行时,风浪不大。次日中午船位在北纬37度38分,东经122度10分(即在威海以北海域),航向120度,航速12节,时吹西南风6级。14时35分过成山头,航向定为190度,15时30分后,风向转为西北偏西,风力仍为6级,甲板上浪,船开始横摇。16时后,风力趋势增强,有的船员提出避风,但船长考虑等收听17时气象预报后再研究。但此后并未采取避风措施。18时后,风力继续加大,船身摇摆加剧。20时船身摇摆达15度。周期7秒(根据货载计算,摇摆周期应为8.5秒),船首左右偏荡近10度,舵角偏压约左5度才能保持航向。20时31分,受横浪冲击,左右剧烈摇摆几下后,形成船身向左倾斜20度的浮动状态。船长上驾驶台后,用左舵20度,将船首向左转为090度,采取顺风航行的应急措施,并备车、减速。但当航向转到090度后,船长要求再左转些。少许后,船长问航向多少?舵工答已到060度,此时船长感觉横浪不行,重新要航向090~110度,此时船体左倾加剧。眼看倾覆难免,船长令发求救电报,但电报未能发出。约20时42分,船体倾斜近60°,机舱大量进水。20时45分,船沉没于北纬36度07分,东经122度51分处(在青岛东方约115海里处)。船长、机舱值班管轮和机匠等未撤离岗位,随船殉难。船沉后21名船员由路过的"长治"轮救起,其余23名船员则失踪或遇难。

分析与建议:该轮于10日启航后,11日12时,船在威海以北时,航向120度,海面吹西南风,风力6级,即右舷受风。该轮宽14.3米,摇摆周期有两个数值,即7秒和8.5秒,不知何者为准?但这两个数值与6级和7级风所产生波浪的周期很近,因而可能发生共振,这是很危险的。14时35分船过成山头,航向改为190度。15时30分,风向转为西北偏西,风力仍为6级,仍为右舷受风。16时后,风力趋势加强。18时后,风力继续加大,船身摇摆加剧。虽未明确风速,但因受来自舷侧强风及波浪的影响,船的横摇角可能不小。20时31分,在受横浪冲击,左右剧烈摇摆几下后,形成船身向左倾斜20度的浮动状态,这说明已发生了货动。此时船舶倾覆,海难的发生已不可避免了。由此可见,造成船舶倾覆的主因在于该轮在出航前没有充分考虑船舶横摇周期应避免与计划航线上可能遇到的波浪周期相近以致可能产生共振的问题。况且未考虑货物的休止角,也未采取防止货动的措施,于是在风浪中货物移动、船舶倾斜。但由于风浪并不大，故在货动前要避免危险，除避风外，似可考虑调整航向，避免波浪从正横方向袭来，以减小船的横摇角度的措施。

案例2－3
对“丙”轮倾覆的分析

日期：1982年10月7日07时45分。

地点：北纬30度31.0分，东经131度36.6分(据报倾覆处)，该位置在大隅海峡以东海域。

船舶资料：该轮是一艘4000吨级、两个货舱的货轮，1974年建于联邦德国。

船员情况：该轮有船员16人，船失事后救起13人，船长、电机员及一水手共3人遇难。

经过：该轮自接船后已航行了99个航次。第100航次是于1982年9月29日在湛江港散装滑石3000吨，运往日本的川崎港(在东京湾内)。开航前水尺：前5.08米，后5.74米。据反映：两舷滑石到位较好，但前后到位稍差，留有1～3米空位；货层表面不平度不超过0.5米。

9月29日16时30分，“丙”轮离湛赴日。出港后有4～5级风浪，测得船的摇摆周期为8～9秒。航行的前五六天里天气较好。10月5日到大隅海峡附近，海面风浪加大。恰于此时主机有小故障，随即驶往附近锚地抛锚检修。6日17时30分，主机修妥复航。22时15分转向090度，进入大隅海峡。23时15分，风向突然转到北北东，风力加大到7级左右，海面有大涌浪，并有小雨。为避风，23时40分改航270度。7日00时30分，感到风力减弱，遂又改航090度。01时按计划航线驶057度，时感觉风向北北东，风力约7级，见到一舱左侧及前部甲板上浪，船头经常埋入水中，既有纵摇又有横摇，观测倾斜仪最大摇摆角18度左右，但船无倾斜。06时45分，大副将航向转至023度。07时20分，船长上驾驶台，鉴于船的行驶航向023度时比航向057度时振动更厉害，遂于07时30分测定船位后，改驶057度，但振动仍未改善，船长即令改航203度，拟往志布志湾避风。当时是用自动舵五度五度地向左改航的，但在07时44分，船身受浪激烈摇晃，舱中滑石移动。07时45分，船向右倾侧90～100度，09时14分，船沉没。

分析与建议：

(1)货物装载方面：此次所载滑石的装载情况并不好，前后有空当，滑石的休止角约为30度左右。故当船的摆幅近30度时，滑石就会移动使船倾覆。

(2)据海事部门意见：对休止角小于35度的散装货物，一般不应装在二层舱；如果需要在二层舱装载或非满舱装载，应平舱并采取有效的止移措施。

(3)关于船舶的摇摆周期和横摇角问题：该轮在该航次的摇摆周期为8～9秒，而在7级风时的波浪周期为8.9秒，两者过于相近，易于产生共振引起大摆幅颠簸，加上来自舷侧风的影响，看来这是造成船舶倾覆的主因。

对这类船必须注意两个问题，即：船的横摇周期要避免与计划航线上的波浪周期相近；船的横倾角必须小于所装货物的休止角。

该轮的横摇周期为8～9秒时，而海区在7级风时的波浪周期为8.9秒，两者太近，横倾角会很大；再者，在转向时船的正横受风浪冲击，横倾角加大，于是就产生货动，造成船舶倾斜，最后覆没。如前所述，船舶在海上航行时遇到尚可航行的恶劣天气时，风力多为6～7级，即波浪的周期多为7.2～8.9秒；故必须按上述公式的计算，以求得为防止船舶横摇周期与可能遇到的波浪周期太近而需要的稳心高度值，并且要使船的稳心高度达到该数值，使船的横摇周期避开波浪周期，以防止危险的发生。该海难看来是在船首向从057度转为203度的过程中，风和浪都来自正横时，船的横摇周期与波浪周期相同，因共振产生大角度横倾，引起货动，再加上风压产生的横倾而造成的。此外，在不得已的情况下，如遇船舶的横摇周期与波浪周期相近时，应调整航向以避免船的正横受浪；在转向或掉头时应谨慎驾驶。

(4)疑点：该轮倾覆位置是根据日本油津港海上保安部提供的资料，该位置在大隅海峡的东南。但该轮于10月6日22时15分转向090度进入大隅海峡后，23

时15分因风浪大,23时40分改航270度,7日00时30分再改航090度。以上情况说明船仍在大隅海峡中航行。01时改航057度,时风向北北东,风力约7级左右,06时45分改航向为023度,07时30分又将航向改为057度。总之在01时至07时30分的6.5个小时内船是向东北向行驶的,以航速8节计(考虑到风浪的影响),6.5个小时,船向东北向行驶了52海里。从07时30分到船倾覆的07时45分,船虽改驶203度,但时间很短,在这样短的时间内船是不可能倾覆于上述报道的位置的,估计日本方面的报道在纬度上可能少了1度!

案例2-4
关于"东方之星"号客轮倾覆的分析

日期:2015年6月1日21时30分。

地点:湖北省荆州市监利县长江大马洲水道。

船舶资料:长江旅游船,长76.5米,宽11米,高12米,建于1994年,原为长江客轮,1997年改装为旅游船。

遇难人数:原有船员和乘客454人,仅12人获救,遇难者442人。

经过:"东方之星"号是一艘长江旅游船。2015年6月1日21时32分由南京启航,开往重庆,当航行到湖北省荆州市监利县长江大马洲水道时,遇到12~13级大风,并有暴雨。据调查报告说:"船长虽采取了稳船抗风措施,但在强风暴雨作用下,船舶持续后退,最后处于失控状态,船艏向右下风偏转,风舷角和风压倾侧力矩逐步增大,船舶所受的最大风压倾侧力矩达到该轮极限抗风能力的2倍以上,船舶倾斜进水并在一分多钟内倾覆。"该海难死亡442人。

分析与建议:根据调查报告,船舶的倾覆主要是由于风力太强,最大风压产生的倾侧力矩达到该轮极限抗风能力的2倍以上,并在船舶倾斜时船舱进水引起的。这个情况与船舶在港湾或内河防台时相似。因当时风压太强,迫使该轮的船首向右侧偏转从而造成了对船的倾覆力量,而这时该轮虽用主机和舵的力量也无力使船艏顶风;而船舱进水产生了自由液面,恶化了稳性,于是产生大角度横倾以致倾覆的情况已不可避免。从上述分析可以看出,造成船舶倾覆的主因,除船舱进水外,风向来自舷侧是关键,如当时风向来自船艏,则情况会完全不同。为确保安全,建议当船舶在江河或港湾内遇到强风侵袭时,参考海轮在海港采用的防台风的措施:抛下双锚,关闭好舱盖板和门窗以防水进入船舱,动用主机和舵以保持船首向顶风,以保安全。

案例2－5
对“浚岩”号驳被拖沉案的分析

日期:1963年6月。

地点:在海南岛西侧大头角灯桩以西约12~15海里的北部湾上。

船舶资料:“浚岩”号是一艘建于20世纪30~40年代的方驳型铲斗挖泥船,其主要尺度如下:船长30.46米,宽12.11米,深2.85米,重载吃水:前0.7米,后1.82米,排水量469吨,船龄已有20多年。

船员情况:5人遇难。

经过:该航次的任务是在1963年6月,以自由型货轮(长134.6米,宽17.38米,主机功率2500指示马力)作拖轮,将该驳自湛江港拖往海南岛西岸的八所港施工。但在过海南岛西岸的大头角后,风浪加大,风向虽仍是南风,但波浪要大很多,在当地这是常见的现象。该驳艏部高于水面的值=2.85－0.7=2.15米,而在大海上6级风产生的波高一般有5.3米,加上船速有6~7节,故海浪不断涌上甲板,而该驳的水密舱盖并未关妥,这就使海水进入船舱,造成自由液面,使稳心高度减小。恰在此时,由于浪大,驳船在要求拖轮减速时,错挂出要求加速的信号,而自由轮上的当值驾驶员在未用望远镜观察被拖船的情况时,就通知机舱加速。于是使“浚岩”驳的主甲板上浪量大增,既而进入船舱的海水也越来越多,最后酿成“浚岩”驳沉没的悲剧。

分析与建议：

(1)关于联系信号的问题：造成该驳倾覆的根本原因是舱盖和门窗的水密性能差，使海水进入舱内产生自由液面，恶化稳性造成的。此外拖轮驾驶员本有个不成文的习惯做法，当被拖船挂出信号后，他应该立即用望远镜观察被拖船的情况，然后再采取措施(凡被拖船要求减速或停车时，必须立即执行)，同时用望远镜观察其情况，以做下一步的准备。但该自由轮的驾驶员并未在拖轮工作过，不知此做法，在见到被拖船挂出的"要求加速"信号时，即予加速，这个措施使被拖船甲板上浪更多，使船舱中的水越来越多。由于船舱进的海水增多，于是形成的自由液面越来越大，使驳船的稳性越来越差，最后在稳心高度变为负值时，在风浪的侵袭下驳船倾覆了。建议在拖航前必须做好各舱室的水密要求，在风浪加大时，要减速甚至避风，此外用大功率的船拖小船是不适宜的。在本海难中5人遇难。而这些人都是疏浚工程方面的老手，令人痛惜。

(2)关于执行船舶检验部门的规定方面："浚岩"号驳是一艘港口作业的挖泥船，当时的任务是将其从湛江港调遣到海南岛的八所港，这需经南海和北部湾的部分海域，即需经过沿海航区，由于航线超过了该驳的作业区，故必须经船检部门特检和特批后才能出海。船检部门要在认为当受检验的船符合出航条件时才会发给"适航证书"的，且在该证书中限定航区和抗风等级。由于年代已久，该船队出航前的情况已无法查明。但这是拖轮船长和驳船驾长都必须认真执行的。

案例2-6
俄罗斯游船"布加尔"轮倾覆的海难

日期：2011年7月15日下午。

地点：俄罗斯伏尔加河上，距莫斯科约800公里处。

船舶资料：该轮于1955年建于捷克斯洛伐克共和国，系双层甲板游轮。俄罗斯运输部确认的救生设备如下：两艘救生艇，可供36人乘坐；多艘橡皮艇，可供120

人乘坐；165 件成人救生衣和 12 件儿童救生衣。船舶无水密隔舱壁。

“布加尔”轮

遇难人数：据有关单位反映失事前船上有 208 人，这已大大超过规定的乘船人数。但当海难发生时，船上究竟有多少乘客，船务及服务人员一直不确切。据事后了解该船搭载几十名儿童，几乎全部罹难。海难发生一个多小时后，经一艘过往轮船救起约 80 人。故遇难人数当不少于 128 人。

经过：游轮“布加尔”轮于 2011 年 7 月 10 日从布加尔港开往鞑靼斯坦共和国首府喀山。在 10 日下午的一场暴风雨中，该轮驶在伏尔加河最宽河段的河面上，该处河宽超过 20 公里（在莫斯科以东约 800 公里处）。突然，该双层甲板游船向右倾斜，3 分钟内倾覆沉没，乘客和船员大多落水，事发水域水深约 20 米，距岸约 3 公里。一个多小时后，一艘过往轮船救起约 80 人。据一名熟悉调查情况的人说，“游船沉没的原因之一可能是超载”。

分析与建议：

该轮是 1955 年在捷克斯洛伐克共和国建造的，从捷克到俄罗斯要先经过多瑙河，进入黑海，才能到达俄罗斯，也就是说其稳性至少应达到海船沿海航区的标准才能经过黑海到苏联。现该轮在内河倾覆，的确令人感到不可思议。经分析，造成该船倾覆的原因大致如下：

（1）船龄过长：该轮船龄已 56 年，经过多年的使用，船体各部件必有所耗损，有些部位的情况可能已不适航，但日常不易发现，且在天气良好时是没问题的，但当遇到恶劣气象条件或遇到不正常情况时，就会酿成灾难。以这么长船龄的老船作游船是应该加以限制的，这次沉船事故船检和港监部门是应当引以为戒的。

（2）船舶超载而救生设备不足：据云船上有208人，而救生衣仅有177件（包括12件儿童救生衣在内）。该船规定的乘员人数不详，仅以救生衣的配置来说，就有31人无救生衣。以每人75公斤计，则船超重2.3吨，这将对船舶稳性产生负面影响。客船的乘员定额，本都是由船级社结合船的具体情况，根据规范要求按规定计算出来，并提出要求的。这牵涉到船舶的安全问题，因而船长必须遵守，港监部门必须严加监管。我们从报纸得悉，最近北非和叙利亚的难民，有不少都是乘船经地中海和爱琴海偷渡去往欧洲的，而这些船有些是超载的，结果发生海难，死亡人数不少。亚洲的一些国家，如菲律宾和印度尼西亚也因乘员超载而多次发生海难，造成众多人死亡。因而人员超载是应严加禁止的。

（3）稳性方面的问题：①船检部门对客船稳性要求有明确的规定。我们手头没有俄罗斯的船舶检验规定，但据我国船舶检验局颁发的《海船稳性规范》中的规定是：当旅客集中于船舶的一舷时或船舶全速旋回时，船舶的静倾角均不得超过规定的极限静倾角（按：这里所述即是指各船核定的人数是有规定的）；②如按船舶受风面积中心和水线间的距离为4米计，则按我国船舶检验局颁发的《海船法定检验技术规则》第七篇第二章的规定，在沿海遮蔽海域航行的船舶，其计算单位风压应满足每平方米33公斤的要求，即相当于每秒20.2米的风速，也即风力不大于8级，即这类船的抗风等级就是8级；③气象和海况方面：船在伏尔加河上遇暴风雨而倾覆，说明这次暴风的风力是很强的，而强风在有20公里宽度的河面上，必然会掀起波浪，故出现的横倾就不是单纯由风力造成的了。由于没有船舶资料，也不知其稳心高度和横摇周期与波浪的周期是否发生了共振，在这方面无法计算。但是我们了解该轮在这一航次中人员超载；为了观看河边景色，在天气良好时旅客大多在上甲板上；但当暴风雨来袭时，旅客多趋向船的下风一舷以避开风雨，这样，由于超过规定2吨多的重量集中在一舷，加大了船的横倾角，就超过了规定的极限静倾角，加上舷侧的风压很强，于是船的倾角加大，海难的发生就不可避免了。当时若能由船员安排旅客待在船的两侧，而非挤在一舷，且顶风航行或锚泊以等待气象好转，则海难当可避免。故这次游轮海难的发生是由超载和操作不当等内因造成，而暴风仅仅是外因。

二、气象海况方面

在这里先谈一下"抗风等级"。"抗风等级"涉及船舶稳性、船体强度和航速诸方面的问题。按我国《海船法定检验技术规则》的要求，对单位风压计算是根据航区和受风面积中心至水线的距离，查该规则所列表以求得。若受风面积中心距实际水线的距离为6米，则可查出对三种不同航区的风压要求如下：

航　　区	风压 （公斤/平方米）	风速 （米/秒）
远洋	134	40.6
近海	72	29.7
沿海、遮蔽	36	21.0

该规范的规定是针对稳性方面的要求的，而船的航区也是以此值为标准进行计算的，即船的侧面受风的风力不能超过此值。关于船体强度和航速方面的问题，下文将会谈及。

气象和海况对船舶的安全航行有重要的影响。强风、巨浪和台风都可能造成船舶的沉没和人员的伤亡。在二战期间的1944年12月，美军准备在菲律宾群岛的莱特岛登陆时，恰逢台风侵袭该地，而美军司令哈尔西将军对此准备不足，结果造成3艘驱逐舰沉没，多艘军舰受重创，毁坏飞机200架，伤亡700多人。近年事故案例：2008年9月"宙斯"号货轮因台风侵袭而搁浅于上川岛以东的高冠洲小岛而断裂沉没。2010年，一艘4万吨的挂巴拿马旗的满载货轮因台风肆虐，在台湾南端的鹅銮鼻附近翻沉。据报，该船因左舷大量进水所致。2006年12月，印尼渡轮超载出航，在爪哇岛和婆罗洲岛之间的爪哇海上遇风暴，船体断裂后沉没，超过400人失踪。2009年1月，一艘印度尼西亚渡轮在从苏拉威西岛的巴里巴里驶往加里曼丹岛的三马林达时，遇强风沉没，造成约230人遇难。以上几起海难遇难人员的数字确令人心惊胆战。现将日本的渡轮“洞爷丸”轮的海难情况进行叙述及分析如下：

案例2－7
“洞爷丸”轮在大风浪中沉没的海难

简要说明：“洞爷丸”轮是日本的一艘大型渡轮。该轮长118.7米，排水量4322吨，该轮的航线是行驶于北海道的函馆与本州岛的青森之间。

1954年产生于太平洋的台风，于9月26日经日本南部的鹿儿岛湾北上，进入日本海，此时其中心气压为968毫巴。15时到达津轻海峡以西海域，其中心气压为960毫巴，且还显示出有进一步发展的征兆。函馆气象台于11时30分发出台风警报：“15号强台风将于黄昏时接近北海道南部地区。”然而17时刚过，风突然停息，并出现晚霞。看到这种情况，停在函馆的几艘大型渡轮，误认为台风已过，天气恢复正常，即启航出港。实际上台风还未到达。

“洞爷丸”轮

“洞爷丸”轮于18时39分离函馆开往青森。当时,船上有旅客1151人,船员163人。但出港后,台风突然来袭,风急浪高,续航已不可能。“洞爷丸”号轮只能于19时01分在港外抛锚避风。但风速高达25米/秒(风力10级),海水不断从船尾的车辆装卸口打上甲板并进入船舱,船首车辆库的前部积水深达0.3米,而船尾车辆库的积水则为1.4米,积水又从通风口及太平门灌进机炉舱和燃煤仓,船员虽开动水泵排水但仍不顶用。

当时函馆湾的波高达9米,周期为9秒,波长约120米。由于波长与船长比较接近,所以该轮的纵摇特别厉害。根据事后的实验,弄清了由于船舶激烈的纵摇,船尾把海水淘了上来,在海水还未流出时,后一个波又涌上来,于是大量海水就停留在甲板上,而车辆甲板上的舱口盖的水密性能较差,因此甲板上的水就不断地通过这些水密性能差的舱口,灌入车辆甲板以下的舱内。

到20时40分,阵风风速达到57米/秒(16级)。由于机炉舱进水增加,使锅炉舱给水泵电动机停转,主机被迫停车。由于失去动力,船遂在大风浪中拖锚,船只能随着风及水流漂移。在漂移过程中,突然船体触及海底,船振动了一下,很快就横倾达40度。由于舷窗玻璃破碎而进水,使横倾角进一步加大。22时39分,该轮发出SOS求救信号。22时45分,该轮倾覆。遇难者:船员114人,旅客1041人。仅159人获救。

与此同时,还有4艘渡轮也惨遭横祸,有1430人遇难,仅56人生还。死亡率高达97%。

分析:

(1)对气象情报的关注方面:在台风警报尚未解除前,就轻易出航,船长的决策是错误的,如果当时停在港内锚泊避风,等警报解除再启航,当可避免此次海难。

(2)船舶管理方面:该轮在锚泊中失去动力的原因是船舱进水,而船舱进水是因在平时对水密门和舱盖板保养不善,水密性能较差,且在开航时又未关妥所造成的,故关键还是管理不善。由于船舱进水,产生自由液面,恶化了稳性,也是造成船舶倾覆的重要原因。

案例 2-8
一些渔轮的海难

2009 年 11 月 23 日，渔轮“42”号（代号）因遇 7～8 级风在台湾浅滩外围失踪。

2009 年 11 月 29 日，渔轮“20”号（代号）因遇大风浪，在台湾以北的彭佳屿附近触礁沉没。

2010 年 10 月 23 日，渔轮“36”号（代号）在长江口水域遇大风沉没，东海救助局找到 2 名船员，16 人下落不明。

2011 年 1 月 15 日，渔轮“14”号（代号）在珠江口万山海域突遇狂风恶浪，因船头上浪入水太多，无法及时排水以致沉没。船员 6 人由直升机救起，5 人失踪。

从上述一系列事实看，情况是严重的，虽详情不明，但从分析事实看，这些船的沉没似与船的性能不适宜出海有关。如“14”号船的海难，看来是由于船的水密性能差，海水进船舱而发生的。最近我国交通运输部已作出决定，要对渔轮进行船舶检验，预计渔轮的海难当会大幅度减少。

第三章　国际海上避碰规则

国际海上避碰规则是由国际海事组织制定的，它适用于公海而且可供海船航行的一切水域中的一切船舶遵守使用。国际海上避碰规则虽已实行多年，但现行的是1972年国际海上避碰规则（以下简称“避碰规则”），如果相遇船的双方都能按“避碰规则”的规定要求进行操纵，则船舶碰撞应不会发生。故作为船舶驾驶员必须熟悉“避碰规则”中每一条的确切含义并按之执行。特别要熟悉和关注第14、15和16三条对“对遇局面”、“交叉相遇局面”和“让路船的行动”的要求，并按之采取行动。由于避碰措施涉及双方船舶的行为，故在采取避让措施时，还必须注意对方船舶的行为，因有些驾驶员是不一定按避碰规则的要求去做的。在遇到对方采取这种反常行为时，就必须按避碰规则第二条第二款的规定：“应适当考虑到，为避免紧迫危险而须背离本规则各条规定的一切航行和碰撞的危险，以及任何特殊情况，其中包括当事船舶条件限制在内。”的要求去做。还必须注意周围的环境、风向、风力、水流流向、流速、本船吃水与可用的水域情况，及能见度状态、通航密度、船舶的操纵性能、夜间出现的背景亮光和雷达设备的性能，以及甚高频无线电话的正常使用。在有困难时必须请船长上驾驶台。此外船在航行中切忌本船右舷被撞。最近一艘美国军舰与一艘油轮在日本横须贺港以东的海面上发生碰撞，美国军舰被撞在右舷，除船壳受损，部分军士负伤外，舰长由于违背了避碰规则的规定，而当即被免职。

在下述的“太平”轮和“建元”轮相撞造成两船都沉没的海难一案，如果值班驾驶员能在过白节峡的狭水道前，请船长上驾驶台，则海难应是可避免的，因“太平”

轮的杨船长是一位有经验的船长。重申一句，遇雾或能见度不良时，必须施放雾号。下文谈到的“戊”轮与“愉成”轮两轮相撞海难的一个重要原因就是在雾中航行时未使用号笛施放雾号，以致互见时，相距已太近，无法采取有效的避让措施。在雾中，如有条件须使用雷达，但应考虑雷达设备的特性、效率和局限性；注意海况、天气和其他干扰源对雷达探测的影响；在适当距离内，雷达对小船、浮冰和其他漂浮物会有探测不到的可能性；要特别注意雷达探测到的船舶数目、位置和动态；不应根据不充分的资料，特别是不充分的雷达观测资料作出推断。此外要用甚高频无线电话16频道将本船的目前船位、航向和航速通报给附近的船舶（有时本船在雾中，对方所在位置却无雾），同时也要注意在甚高频无线电话16频道中是否有他船的信息。在判断是否存在碰撞危险时，应注意到：如果来船的罗经方位没有明显的变化，则应认为存在碰撞危险；但也必须注意到有时虽然有明显的方位变化，却也会有碰撞危险，特别是在驶近一艘很大的船舶或拖轮船队时，或是在近距离驶近他船时。驾驶员除严格遵守和执行避碰规则各条款外，还应在航线交叉处加强注意和瞭望，以及早避让。此外船长还应注意和了解驾驶员对避碰规则的理解程度以及避让和定位能力，必要时须加强学习和辅导工作。此外还要对号笛进行了解和检查，以明确其是否达到避碰规则的要求。

案例3－1
“多纳·帕兹”轮与“维克多”轮的碰撞海难

日期：1987年12月20日约20时。

地点：在菲律宾国内马尼拉以南大约160公里的马林杜克岛附近海面上。

船舶情况：“多纳·帕兹”轮是一艘2215吨的菲律宾客轮，“维克多”轮是一艘629吨的油轮。

遇难人数：到底有多少人遇难谁也说不清。有人估计可能有4000人，有人估计至少有3000人，只知最后仅26人获救。

经过：1987 年 12 月 20 日，菲律宾的客轮“多纳・帕兹”轮在从莱特岛驶往马尼拉时，这艘载客量为 1518 人的客轮竟然挤上了近 3000 人，大大超载。船舱里，人挤人，平时只能坐一个人的吊床，该航次竟坐了三四个人。通道上也挤满了人，他们的脚下还放着许多行李。当船驶到马尼拉以南约 160 公里的马林杜克岛附近海面时，与驶往马斯巴特岛的 629 吨的油轮“维克多”相撞，原油流入海中，海面燃起大火，包围了两艘船。“多纳・帕兹”轮的左舷中部被撞开一个大洞，海水涌入船舱。相撞后两轮都发生了火灾，客轮在燃烧了两个多小时后沉没，时间约为 22 时 40 分。“维克多”号油轮则燃烧到次日凌晨 2 时左右，最后沉入海中。虽然附近有一艘客轮正在海难水域，但也仅救起了 26 名幸存者，此次海难估计丧生者至少有 3000 人。

分析与建议：

(1)从避碰规则的原则上讲，由于撞在客轮左舷，油轮应承担主要责任。但在两轮相遇时，客轮并未按 1972 年避碰规则规定的条款采取措施。避碰规则的第二条第二款明确规定：“在解释和遵行避碰规则各条规定时，应适当考虑到，为避免紧迫危险而须背离本规则各条规定的一切航行和碰撞的危险，以及任何特殊情况，其中包括当事船舶条件限制在内。”第十七条第二款还进一步规定：“当规定保持航向和航速的船，发觉本船不论由于何种原因逼近到单凭让路船的行动不能避免碰撞时，也应采取最有助于避碰的行动。”这次海难的发生，客轮船长和当值驾驶员是有重大责任的。作为船长和驾驶员，其主要责任就是要确保旅客和船员以及船舶的安全。该二轮的不当行为造成数千人遇难、船舶和所运货物大量损失并污染了环境，这个惨痛的教训的确值得人们深思、总结。

(2)客轮严重超载，救生设备不足。以超额 1500 人估计，每人重以 75 公斤计，则其排水量将加大 112 吨(尚未计及这 1500 人所携带的行李重量)，且这些旅客多坐于主甲板上，故船的重心将升高，稳心高度值(h 或 GM)也将降低，也即此时的情况已大大超过船舶检验部门核准的要求，这是很危险的，而港监部门竟未予制止。且客轮在增加了 1000 多名旅客的情况下，救生设备并未增加。当两轮相撞后，两轮都未放救生艇救人，这些都是很严重的失职行为。

案例3－2
“太平”轮与“建元”轮的碰撞海难

该二轮的碰撞海难，因无当值驾驶员的证词，已不知其确实情况，但现根据书籍及电视台播出的资料，可知概况如下：

日期：1949年1月27日23时25分。

地点：在舟山群岛的白节峡，即北纬30度37分，东经122度25分处（据凤凰电视台报道），现海图上仍有沉船符号。

船舶情况：据凤凰卫视于2013年播出资料：“太平”轮是由“大湖”型货轮改装的，则其建造年份约在1919年前后，即到1949年时已有约30年船龄了。其主要尺度如下：

总长：79.57米，宽：13.26米，空船吃水：4.19米，重载吃水：7.37米，总吨位：2500。

遇难人数：据张典婉所著《太平轮一九四九》一书援引《台湾新生报》的报道：“太平”轮购票旅客508人，加上在船补票者及船员共计700余人。上海《大公报》报道，由澳大利亚军舰“华尔蒙哥”号救起的漂流在海上的36人。故“太平”轮，除获救者外，遇难及失踪者约700人；“建元”轮（货轮）船员共74人，获救2人，则遇难及失踪者为72人；即两船的遇难及失踪人数约770多人。

经过：因现有资料仅有涉及“太平”轮的部分，故分析也只能以此为根据。“太平”轮的产权属于“中联公司”，该轮于1949年1月27日（戊子年小年夜）16时18分从上海启航，开往台湾基隆。当时正值南京国民政府崩溃前夕，上海社会秩序很乱，有些人想去台湾，本航次售出船票为508张，但又有些人挤上船后补票，故船上人员超额。23时25分“太平”号轮驶到舟山群岛白节峡时，与从南方驶来、经白节峡北上的“建元”轮相撞，两船都沉没。海难发生后，一些获救者反映：“太平”轮未点航行灯，没鸣笛；装货超载；“太平”轮因在戒严时间内航行，所以抄小路走，以致驶错了航线，并以最高速开航；船上大副、二副们，当天晚上喝酒赌钱；两轮相撞，就是因为大副喝醉了酒,把司舵的重任交给了三副,那位好睡的三副竟因贪睡而忘却调舵,以致发生碰撞;救生艇不能使用,才造成多人遇难的惨案。据资料记载,在碰撞发生后,船长曾拟将船开至白节山岸边搁浅以救人,但未到岸边船就沉了。

据现有资料,在海难发生后,"中联公司"曾租用"中央航空公司"的飞机到失事地点搜寻,在一极小灯塔岛边,仅看见有一沉船桅杆露在外面(按当年舟山群岛的最小灯塔是半洋山灯塔),而关于两轮的失事地点,据当年海关海务科公告:"建元"轮沉没于白节山及半洋山之间,"太平"轮则沉没于白节山灯塔之东南方约4.5海里处。

分析:要查明造成海难的原因,首先我们要核查事实真相。在现有资料中,有不少是劫后余生者的反映,虽然这些现象多是他们亲眼所见或亲耳所闻,但这些往往只是传闻,并未抓到事物的本质,且有些是缺乏根据、不能成立的。如船在启航时艏吃水14英尺(4.3米),艉吃水16英尺(4.9米),根据船舶资料,这个吃水绝不可能是超载。自上海陆家嘴至两船相撞地点的白节峡共84.2海里,这是中小型船自上海南驶香港、台湾和厦门等港的正常航线,不存在抄小路走错航线的事,且沿途都有灯塔。以航行7.1小时计,则平均航速约11.86节(潮流未计)。驾驶员的值班时间是:二副:00时至04时;大副:04时至08时;三副08时至12时;已知海难发生在23时25分(即下午11时25分),这是三副值班时间,他是不能推卸责任的。至于三副是否睡觉,则只有当值的舵工才知道。而我们的任务是抓着事物的本质,找出造成海难的真正原因,以儆效尤,免除后患。

(1)据个别乘客云"太平"轮在航行中未点航行灯,不知实情是否如此,如确实如此那是违背避碰规则的规定,是严重的错误。

(2)现在分析一下关于该轮在狭水道白节峡航行时的情况,从现存资料的报告中不见有"太平"轮舷侧受损的情况。这说明当时碰撞的情况是"太平"轮的船艏撞到"建元"轮的左舷,当时两轮的航向,"太平"轮约为自西向东,而"建元"轮则自南向北,这就是说"太平"轮的当值驾驶员在右前方发现来船显示左舷红灯,即有碰撞危险时,并未按避碰规则的要求进行避让,也即既未鸣笛以表示本船的动向,也未向右避让和减速,以致发生碰撞。这是造成这次海难的根本原因,其主要责任在"太平"轮,这说明"太平"轮的当值驾驶员三副是失职的,如当时船长在驾驶台,此海难应当不会发生(这是避免海难发生的关键)。过去曾听一位资深船长说,在从上海往北行驶时,他都要在驾驶台待到船过佘山后,在往南行驶时,他都要在驾驶台待到船过黄兴门后,才离驾驶台。也就是说在狭水道、船舶过往较多处、转向点、渔汛期渔船较多的捕鱼区以及航线交叉点附近,船长都要在驾驶台,以便及时掌握和处理航行中出现的问题,确保船只的安全。

(3)"太平"轮旅客严重超额,且救生设备不足,在发生碰撞海事后,船方又未放下救生艇和救生筏,致使多人遇难;这是该轮管理不善和未进行操艇训练造成的。

(4)根据现有资料,"太平"轮是以船首撞"建元"轮的,当碰撞发生后,"太平"轮尚以为本身在短时间内不会有危险,于是船长拟将船开至白节山岸边搁浅以救旅客和船员,但在航行中发现货舱已进水,在船未到岸边时就已沉没。根据这种情况分析,两船碰撞后,艏部虽有破损,但如艏尖舱与货舱间的防撞隔舱壁是良好的话,则水不会进入货舱,船也会是安全的。但现在货舱浸水,说明这是因为船舶年久失修,估计防撞隔舱壁下部已烂穿造成的。看来船长在碰撞发生后,拟将船开至白节山岸边搁浅以救人员的措施,也是基于对船的防撞隔舱壁良好的估计,才决定采取的,应该说这个决定是正确的。但在碰撞发生后,海水很快浸入船舱,这就产生了很大的自由液面,恶化了船的稳性,使船很快沉没。如果防撞隔舱壁良好的话,则即使艏尖舱破裂,船也不会沉,人员也是安全的。不知启航前"适航证书"是如何签发的。过去曾有一艘万吨船在艏尖舱被撞破损进水后,由于防撞隔舱壁完好无损,事后能驶往船厂修复,并继续完成该航次的任务,故看来船舶所有人对船级社的检查应予以充分的关注,且这样做也有利于船舶保险。作为船长和大副则应了解各个隔舱壁及水密门窗的现状,对不合格的设备,应即予以修复。

案例3-3

"丁"轮与"愉成"轮在雾中相撞的海难

日期:1997年5月13日下午。

地点:渤海海峡北部。

船舶资料:"丁"轮:船长 62.60 米,载重量 960 余吨,系客货滚装船,船上有船员、旅客等共 69 人,载有汽车 15 辆;"愉成"号轮:船长 174 米,载重量 1.63 万吨,船上载 159 个集装箱,系货轮,新加坡籍。

经过:"丁"轮于 1997 年 5 月 13 日 14 时 34 分从辽宁省旅顺开往山东省蓬莱,其航向基本上是自北而南。"愉成"号轮则是从大连驶往天津新港的,其航向基本上是自东而西。当时海面有雾,且逐渐转浓到能见度仅 20 米。航行中,当"丁"轮大副在驾驶台上看到一个巨大的阴影向左舷压下来时,立即发出了"右满舵"的舵令,但在此舵令尚未生效时,两轮即在雾中发生了严重的碰撞。在交通部的关注下,大连、烟台两港海监部门立即采取措施,且在旅顺海军支援及现场渔轮积极配合下,虽天气恶劣,但终于将人员救起,而"丁"轮则沉没了。

分析与建议:

船在南北航线与东西航线交叉处,必须特别注意周围的环境,看是否有船并判断其航向,从而采取相应的避让措施。在我国沿海的渤海海峡、长江口、台湾海峡、香港口外、港澳航线及海南海峡等地都属于这类交叉性质的水域。在航行中,遇到能见度恶劣时要按避碰规则的规定,施放雾号,使用雷达以了解附近海面的情况。必要时可以慢速行驶,甚至停车使船无前进速度,同时还要注意倾听是否有其他船的雾号或其他声音,如果可能还要用甚高频无线电话 16 频道报告本船船位和动态,以及注意在 16 频道上是否有其他船的信息。船长和驾驶员要根据所掌握的各种资料,对情况作出判断,并采取有效措施以求得安全。按海事处理的要求,船舶应在能见距离之半处停住船。但当"丁"轮见到"愉成"号轮时相距仅 20 米,以这么短的距离,两船都是无法做到在能见距离之半将船停住的。关于在采取避碰行为时,"丁"轮所采取的操纵船舶措施方面,本文不拟探讨。为防止海事的发生,在船舶较多处,遇浓雾或能见度恶劣时以停航或下锚为好,且无论是航行、停泊或锚泊,都应按避碰规则的规定施放雾号。

这次海难发生在 20 世纪 90 年代,在这个时代,这两船都应装有雷达和甚高频无线电话,不知为何未加以使用。且在资料中,也不见两轮有使用雾号的说明,估计这次海难的发生,是与未使用这些设备直接有关的。这可能是本次海难发生的主因。而根本原因则在于两轮当值驾驶员思想麻痹,都既不重视也不遵守避碰规则的规定所造成的。且在这种恶劣能见度的情况下,至少应请船长上驾驶台,以确定下一步的行动。

从上述的几桩因碰撞造成的海难看,未执行避碰规则的规定是发生这类海难的根本原因,故驾驶员必须认真学习和理解"避碰规则"的要求,并按之执行,以防海难的发生。

第四章　航行中的定位

船舶的搁浅和触礁多与船舶的定位不准确有关。如果罗经正确的话,则造成海难的重要因素往往与对船速估计不准和对风海流的影响估计不足有关。船舶静水航速的测定,一般是在气候良好、主机功率确定、螺旋桨转速为定值,且知道螺距值,于无海流的情况下在测速场进行、求得的数值。但在风浪中,航速将低于静水中的航速。现将常用的估算风浪中航速的公式列于下,供参考:

(1)在风浪中关于航速的估算:建议用埃特森法(在船舶拖航时不能用此法):

$$U_{ws}/U_s = 1 - (m/L + n) \tag{4-1}$$

式中:U_{ws}——海上允许的航速(节);

U_s——船舶静水航速(节);

m——系数(见表4-1);

L——船两柱间长(米);

n——系数(见表4-1)。

表4-1

蒲氏风级	迎浪		首斜浪		横浪		尾随浪	
	m	n	m	n	m	n	m	n
5	9	0.02	7	0.02	3.5	0.01	1	0
6	13	0.06	10	0.05	5.0	0.03	2	0.01
7	21	0.11	14	0.08	7.0	0.05	4	0.02
8	36	0.18	23	0.12	10.0	0.07	7	0.03

(2)对风海流的估算:现有两种算法:

①英版“世界航路”的建议:表面流速与风速的比例,是一个复杂的问题,并曾有很多答案,但一个平均的经验比值是1∶40(或0.025);

②日本学者须田皖次的建议:在日本近海实测的结果,表面流速与风速的比值位于0.02~0.05之间。而在北极海和波罗的海的实测结果,其比值在0.014~0.041之间。故在日本近海,表面流速与风速的比值可取为0.03。这个比值称为风力系数。

地球的旋转力使在北半球的水流偏向右侧,而南半球则偏向左侧。虽然按理论上说,水流将向右(北半球)或左(南半球)偏转45°,但观测到的角度没这么大,但也曾有过20°~45°间各种不同的值。水流的流速与风吹时间的长短及风浪区的范围有关。当风开始吹时,对水的流动,只有很小的影响,但随着时间的增加,流速也会逐渐加强。当风力微弱时,仅须6小时,就可使微弱的海流达其全速;但当风力强劲时,则须48小时,才能使海流达到全速。

热带风暴与海流的关系:在热带风暴附近,海流可能与正常情况下预测的情况完全不同。曾在热带风暴附近发现有不正常的海流。故离热带风暴中心100海里以内,要加以注意。多年前,一艘意大利国的大型邮轮,在从马尼拉以静水航速20节的速度驶往香港时,其航向与当时的台风走向接近平行,但在到香港口外时发现的却是蚊尾洲灯塔而非计划航线中的横栏灯塔。即在20小时内,船被海流向西南方向漂流了约30海里。

这种因定位误差产生的海难,对在沿岸航行且可用陆标定位的船舶来说,发生的次数较少,但也有例外,如在1947年一艘苏联船在离上海港北驶时,在距长江口不远的鸡骨礁处触礁沉没(在该处用陆标定位是并不困难的,估计是对湍急而流向常变的潮流未作充分估计所致)。但作为远航就不同了,首先是要将航速和主机转速及功率和螺旋桨螺距的关系搞清,如情况不明时则要先测定静水航速。在航行中特别要注意风的影响,风不但造成波浪并且产生波浪阻力,使船的速度发生变化,它同时还会产生风海流,有些海区还有恒流(如黑潮、墨西哥湾暖流等)。其次必须事先查明在目的地或设计航线的转向点附近是否有航标灯(灯质如何,包括灯色、闪光周期和射程距离等)，是陆标还是浮标、灯船，附近是否有无线电指向标或显著的目标可资利用等情况，以便划出航线，制定航行计划。另外船上是否有卫星定位仪、劳兰仪和无线电测向仪等设备可资利用，亦须心中有数。

航速是指静水航速在风、海流、潮流、恒流及波浪阻力影响下的综合值。在4级风及以下的情况下，风、风海流和波浪阻力的影响可以不计。

船速一般是指静水航速，前面曾谈过静水航速的测定是指在天气良好时，在一定吃水条件下，当主机功率、螺旋桨转速和螺旋桨螺距等都是定值时，且在无海流情况下所测得的航速；而在航行中，使用的主机功率和螺旋桨转速和螺距与在测定航速时的数值不一定相同，则静水航速也会不同，这是必须加以注意和予以修正的。

计程仪的误差：计程仪读数所显示的是船对水的航行里程，而非船对地的航行里程，也即海流在计程仪的读数中并未表示出来，这是必须注意的。有些船的海难就是把在海图上标示的积算船位(DR, Dead Reckoning Position)当作是推算船位(EP, Estimated Position)，以此为据来驾驶而出事的。此外，拖曳式计程仪在船的航速不同时，其误差值是不同的，这也是必须注意的。

对机动船而言，建议：估算在风浪中的航速时可采用前述“埃特森”法，即公式(4-1)。该公式是在对4艘航行于北大西洋的集装箱货轮，一年内的航行资料进行统计比较而得出的。统计值表明平均结果很一致。故埃特森认为按上式所算出的允许航速能可靠地代表该航次的平均值(必须注意的是该公式不能用于拖航状态)(资料取自“船舶耐波性”，陶尧森编著)。

(3)潮流和潮汐的影响：多数港口的涨落潮潮流呈往复式，但也有一些港口外的潮流流向呈钟向旋转式的，如长江口即是，该地不但流向时时在变，且流速甚急，应予注意。沿岸的潮流流向，可参考各港的高潮时，涨潮流的流向是从较早高潮时的港口流向较晚高潮时的港口的(如海南岛西岸的涨潮流就是从南向北流的)，但也有例外(如粤东沿海)。但在海图上多标有潮流流向，此外，要注意潮流的分叉点。潮汐表提供了主要港口的潮汐资料，也提供了重要海域的潮流情况，但有些人对此并不注意，这就使一些船发生搁浅或更严重的海难。

(4)关于船舶的定位方面：这是涉及安全航行的最重要环节，首先要注意的是航标和地形，现分述如下：

①航标：视觉航标和无线电指向标。

a. 灯塔（桩）和立标：这些陆标都是可靠的目标，但对灯塔（桩）白天要注意塔身所涂油漆颜色和高度，还要注意地形和树木等情况，夜晚则要注意其灯质和闪光周期，以免弄错而发生危险。

b. 灯浮/灯船和浮标：这些水上标志都是标示航道、浅点和礁石的，但水上标志是靠水漂浮的，在强风和急流中会移位，如有可能须用陆标核定其位置后再加以利用。

c. 无线点指向标：这些是用于在远距离用无线电波测定船位用的标志，但需查明其发射的信号、频率、发射时间及有效距离。

②地形：地形可从大比例尺的海图上看出，不但要了解山高，还要根据等高线的疏密程度，大致判断出山的外形。而且根据山高，就可计算出能见距离。还要从“航路指南”中了解一些在海图上没有显示的资料，如推荐航线、对景图和当地有关部门的指示等。

案例4－1
“戊”轮冲上浪花礁的海难

日期：1973年10月16日02时40分。

地点：西沙群岛的浪花礁。

船舶资料：三岛式，具有四个舱口的5000吨级货轮。

经过：该轮于1973年10月14日离黄埔，15时23分过桂山，15时33分陆测船位北纬22度08.0分，东经113度48.1分，定速航行；16时，陆测船位北纬22度02.0分，东经113度50.7分；16时05分，陆测船位北纬22度00.1分，东经113度51.8分（即在竹洲东侧）；17时用雷达测得船位北纬21度49.0分，东经113度51.0分（即在蚊尾洲灯桩西侧），航向185度（真）。当时吹东北风，风力5～6级，海面出现巨浪，航线未加风流压差。在海图作业上，该轮以14节航速推算船位。

15日08时25分用无线电测向仪测得香港横栏无线电指向标的方位为018度，以14节航速推算，则船位在北纬18度08.5分，东经112度57.0分处。11时40分，在雷达荧光屏上发现亮点，以为该亮点是永兴岛，即以雷达方位218度，距离21.9海里定了一个船位。定位后，发现船位与11时40分在海图上推算的船位相距较远。为防止接近西沙群岛，遂改航向为090度。12时44分太阳从云隙中露出，这时进行天测，但所得两条天文船位线均在11时40分时用雷达测定船位后所划航线以北约80海里处。13时23分又根据太阳测得一条天文船位线，与12时44分所测得的天文船位线比较接近。14时12分测得横栏无线电指向标方位008度，采用移线定位法，将13时23分测得的天文船位线，按原先的计划航向185度方向移动，在与无线电方位线相交处得船位于北纬18度04.0分，东经113度38.0分。此船位在14时12分推算船位以北60多海里。尔后，又改航向190度，航速以12节计。15时36分测得一条天文船位线，将前一条天文船位线按190度方向移线，划定的船位在北纬17度34.0分，东经113度56.0分处。此时发现船位在计划航线以东35海里处。二副在交班时提出船位不可靠，要核对一下。16时06分，大副利用太阳测了一条天文船位线，所划的方向和位置与15时36分所测的天文船位相近。便没有核查15时36分的移线船位有无问题。17时30分时因绑扎舷梯，须减少横摇，遂减速并改航向为208度。18时20分舷梯绑好，恢复原速，并按15时36分船位推算到17时30分，在以此点划得的208度航线，正好接近下一个转向点，船长便决定按208度航向走下去。19时30分，该轮左舷曾有一艘外轮在距该轮约2海里处驶过，便认为船位与航向无问题。20时大副交班给三副时，对三副说："浪花礁上有铁壳沉船，反射较强，要开雷达观察。"24时三副交班给二副时，把大副的话交代给二副。二副看海图上16时06分大副所测得的一条天文船位线在自己所测得的第二条天文船位线附近，对自己所划的15时36分的移线船位更深信不疑，认为现在所驶航线，经过浪花礁铁壳沉船的正横距离有30多海里，开雷达已无必要。还认为一路顺风，航速不止12节，可能此时浪花礁已过去。16日02时30分，二副发现左前方有个黑影，用望远镜看，是一条船，但无灯光，即令操舵水手报告船长，并接通雷达电源。船长上驾驶台后，即到海图室打开测深仪，二副在雷达荧光屏上发现岸形显影，即报告船长，船长看了一下雷达，抬头已看见浪花，即令右满舵、停车。车刚停，船就不动了！但倒车却无效。此时为16日02时40分，船已冲上浪花礁。

分析与建议：

(1)关于航速方面：根据上述资料，未见到该轮的静水航速资料，也未见到计程仪的读数，但该轮在16时05分至17时共55分钟的时间内行驶11～13海里，则该轮的航速为12～14节，因无静水航速资料，而该处离珠江较远，估计潮流影响不大，且由于该水域东部有岛屿遮蔽东北风，故以12～14节作静水航速估。当时海上吹东北风，风力5～6级，大浪。现以偏顺风6级，按埃特森法计：船水线长L取93米(按一般5000吨级船的资料)，由于是偏顺风，取$m=2$，$n=0.01$，静水航速$U_s=12\sim14$节，则按公式，$U_{ws}/U_s=1-(m/L+n)$求得海上允许航速U_{ws}为11.75节；但该轮起初以14节估航速，在行驶了20小时后，于15日13时23分，将估计航速改为12节；而在现有资料中，看不出主管人员将航速定为14节及12节的依据。航行中所需要的是以事实为依据所求得的数据。若以11.75节计航速，再加上下述风海流的影响，按前述时间及航向进行推算，则船是要航行到浪花礁附近的。故航速是安全航行的重要因素，应取自可靠的试航测速资料。

(2)海流的影响：当时海面吹东北风，风力5～6级，浪大。现取风速为24节，按须田皖次推荐的公式，取风速的3%作风海流流速，则风海流流速为0.72节，流向可取250度。

(3)关于船舶定位方面：本航次的船舶定位较为不正常，主要有下列2次。①该轮在15日11时40分，在雷达荧光屏上发现亮点，以为该亮点是永兴岛，即以永兴岛方位218度，距离21.9海里，在海图上划了一个“船位”。实际上，永兴岛当时的建筑物高度较低，用雷达扫描根本看不到这么远的；并且这个“船位”与推算船位相距很远，以当时的航速和航向，船是不可能到达这个“船位”的，这是必须引起怀疑的，也即这个“船位”是不可靠的；②在浪花礁的北偏东方40多海里处有一个东岛，高约5米。在从触礁位置以当时航向208度反推，并考虑到风海流的影响，则该轮过东岛时横距该岛应不会超过10海里，使用雷达扫描是可以发现的。

如以此定位，则是可靠的船位。且以后当值驾驶员发现浪花礁上的沉船后，在采取转向措施的行为时，为时也太晚，遂导致海难的发生。看来船舶于夜间在这种复杂海域行驶时使用雷达还是必要的。航行中要设法利用陆标和无线电导航标定位。

案例 4－2
“印迪吉尔卡”轮的搁浅触礁海难

日期：1939 年 12 月 11 日夜。

地点：在宗谷海峡，日本北海道岛北岸的宗谷灯塔以东约 10 海里处。

船舶情况：苏联“印迪吉尔卡”号客轮。

遇难人数：本航次共载客 1500 多人，在发生海难后，仅 402 人生还，估计有 1100 多人遇难。

经过：苏联“印迪吉尔卡”轮于 1939 年 12 月 8 日，在暴风雪和惊涛骇浪的恶劣气象条件下，从堪察加半岛驶往符拉迪沃斯托克(海参崴)。经数日航行，于 12 月 11 日晚，这时海面有 11 级风，而风暴暂停的间隙，值班驾驶员发现了灯塔的闪光，就以为到了宗谷海峡的东口，并以为见到的是库页岛东南端的阿尼瓦灯塔，就认为这是准确船位，并以之为根据而驾驶船舶。但实际上这个灯塔根本不是阿尼瓦灯塔，而是宗谷灯塔。由于船位错误，因而造成了船在距宗谷灯塔约 10 海里处的北海道岛北方海岸附近的礁石触礁，船侧出现裂缝后再搁浅沉没的海难。船长虽通知发出“SOS”遇险求救信号。但随着轮船的逐渐下沉，无线电发射机也停止了工作，船与外界的联系完全中断。由于船舱大量进水，不少乘客和船员被泡在水中，而在甲板上不但有寒风还有海浪的侵袭，乘客和船员的处境非常艰难。随着船体的下沉，机舱进水，轮机停转，全船灯光熄灭。船长在恶劣海况的条件下，虽两次放救生艇派人往岸上求救，但当时正值第二次世界大战期间，日、苏两国之间的关系十分微妙，对如何救苏联人，当地警察局长认为事情复杂，不敢擅自做主，在向上级报告的同时，还派出一名视察员和三名助手前去现场了解情况。此时船上情况已十分严重。12 月 12 日 16 时，日方向苏联大使馆通报了该轮的遇难消息。此时，日本渔民搞来一艘小渔船，自愿救难的渔民想尽一切办法试图接近“印迪吉尔卡”轮，但海浪将渔船掀翻了。12 月 13 日凌晨，从稚内港驶出三艘轮船前往救护，这三艘船的船员不顾生命危险，共救出了 395 人。这批生还者共 402 人后来终于回到了苏联。

分析与建议：

(1) 就推算船位方面而言，阿尼瓦灯塔和宗谷灯塔之间相距约 70 海里，也即船的实际位置比推算船位(Estimated Position)多走了 70 海里。也即实际航速比推算航速要快。在航程中吹的是偏北风，即船是在顺风中航行，顺风产生有利的风海流，但波浪也造成阻力减缓航速，从分析看该轮船长对此都未计入。虽气象情况恶劣，不能靠天测定船位，但推算船位和实际船位相差近 70 海里，这么大的误差在航海事业中也是罕见的；建议对不熟悉的狭水道或港口以白天到达为好。

(2) 就灯塔而言，每座灯塔都有其各自不同的灯质和闪光周期，当见到闪光而不测定其灯质和闪光周期，就认为这是所要找的目标，即以之为根据而航行的做法是非常危险的，这也是这次海难发生的根本原因。这种因看错灯标而发生的海事过去屡有发生，所以建议在远航后发现一个灯塔的闪光时，如灯质和闪光与海图上积算船位(DR)附近的灯标闪光相同时，须用另一种不同的方法来校对船位(如测深或探底质)，在确定无疑后，再决定行动。如有怀疑，建议下锚或驶向外海，候天亮后再驶回，并在看清目标并定出船位后，再按计划航线行驶，因灯标的光被云雾遮住的事是时有发生的。

(3) 关于能见度的问题，该轮触礁处距宗谷灯塔约 10 海里，但能看见闪光，这说明当时的能见度并不太差；在大风浪中于岸边产生的浪花与海浪不同，应能看见见并予避开的，但当值驾驶员竟然未能发现，自然也就不可能采取措施了，这就失去了挽救该轮命运的最后机会，而海难的发生也就不可避免了。估计出现这种情况有两种可能：一是当值驾驶员不注意瞭望，二是当值驾驶员和舵工晕船，未进行观测瞭望所致。所以船长对各驾驶员和舵工的日常表现应予注意，以便在必要时予以帮助，以防止发生海事。

案例4－3
希腊国客轮“萨米拉特快”轮的触礁沉没海难

日期:2000年9月26日22时30分。

地点:在希腊沿岸。

气象情况:在救护时,风力8级,伴有中浪。

船舶资料:希腊籍客轮,长137.2米,排水量4407吨,是一艘有34年船龄的船。

遇难人数:遇难55人,失踪22人。

经过:“萨米娜特快”轮载着447名乘客和63名船员从雅典西面的比雷埃夫斯港启航,准备驶往爱琴海的度假胜地帕罗斯岛。乘客多是外国的度假游客。启航时天气良好,顺风顺水,没料到到22时30分,该轮触礁,虽经大力抢救,仍有55人遇难,22人失踪。

分析:

(1)船员的纪律和职责方面:船员对纪律是必须严格遵守执行的。据反映该轮船长和驾驶员对这片海域的情况应很熟悉,该礁石不但标在海图上,且礁石上还有航标灯,按理说触礁是不可能的,但海难还是发生了。有人说,当时船员们正在观看希腊队和德国队的足球比赛的电视转播,不管这种议论是否真实,船舶当值驾驶员不定船位,没按航线行驶是造成这次海难的根本原因。同样在2016年,一艘韩国大型客轮在韩国岸边触礁倾覆,造成多人遇难,其原因也是没按正规航线行驶而近岸航行,以致造成触礁的。故在船工作是必须严格遵守纪律的。

(2)对现有设备情况的了解方面:该轮船龄已有34年,船上的设备已老旧,虽尚未到报废的程度,但日常要注意保养,使用时要注意检查。该轮有一副减摇鳍,本应左右两舷都放出以改善该轮的横摇角度,但该航次仅放出一个,另一舷的减摇鳍估计是有故障没放出,于是船的两舷的阻力不同,使船不能按预定航向行驶;而且由于该轮使用的是陀罗罗经自动操舵仪，而当值驾驶员既未经常核对罗经航向，也不测定船位，以致当船偏离了计划航线时尚不知道，遂导致触礁。

(3)减摇鳍的作用方面：减摇鳍是用于减小船的横摇角的，它能使在船人员感觉舒适些。当启航时，如因一舷的减摇鳍放不出，而两舷都不放时，这对稳性方面来说是没影响的，这样船就不会偏离计划航向了，只不过是船的横摇角会大些，何况当时只是中浪；而当该船仅放出一个减摇鳍时，于是就造成船的两舷阻力不同，而使船偏离航向。

案例4－4
“己”轮的拖底海事

日期：1962 年 11 月。

地点：在硇洲岛南偏东方，约为北纬 20 度 34 分，东经 110 度 35 分处。

船舶资料：“己”轮是拖轮，水线长 42.67 米，宽 10.20 米，吃水 4.6 米，主机功率：1200 指示马力，系柱拉力：12 吨。

被拖船情况：方驳二艘：每艘长 31.74 米，宽 8.9 米，吃水 1.6 米；登陆艇一艘：长 58 米，宽 9 米，吃水 2.2 米。

经过：该拖轮于 1962 年 11 月拖上述三艘船从广州驶往海南岛西岸的八所港，三艘船上都载有火车头和煤水车。当 15 时，船队驶到阳江市的黄程山附近时，改航 237 度，驶向外罗水道北口灯浮标。次日 07 时许发现船拖底。在这 16 个多小时的航行中，海面吹偏北风，风力 4～5 级。由于水浅无法按原航向继续拖航，拖轮于是决定改变方向，往北驶入深水区，并驶往硇洲岛淡水锚地锚泊检查。后发现并无大碍，又继续航行，最后完成了原先规定的任务。

分析与建议：

(1)航线选择不当：从广州至八所虽有几条航线，但吃水较浅的船在过上川岛后，多是先沿岸航行，待到船到电白县的大凤鸡岛时，再转向驶往外罗水道的北口灯浮标,经外罗水道驶往海南。因这条航线近岸,可用陆标定船位,且属沿海航区,避风锚地多,对拖小型船有利,当然在到硇洲岛附近时仍应注意船位;而该船队从黄程山直放外罗水道北口的航线离大陆远,在夜间无法测定船位,这是造成拖浅的主因,看来,在制定航行计划时,还是应选用船舶行驶的常用的航线而勿自辟蹊径为好。

(2)未对风流压作出估算:当时拖轮船队的静水航速约为6节,而海面吹偏北风,风力4~5级,若以15节计风速,按须田皖次的公式,取风力系数为3%,则得流速约为0.45节,由于雷州半岛的存在,流向以184度估计,也即航迹线为233.5度,航速6.3节。而当时是把航速6节画在计划航线237度线上作为积算船位的,且可见目标仅硇洲灯塔一个,虽可用罗经测定其方位,但因距离遥远无法用垂直角测定距离,即无法定位。自15时至次日07时,共16小时,海流使船队向南漂流7.2海里,即实际船位离积算船位已有7.2海里,且偏南,而该海域从海图上显示,已是浅水区,因而造成拖浅的。

案例4-5
"庚"轮的触礁海难

日期:1959年2月。

地点:湛江港外硇洲岛南方礁区。

船舶情况:国外建造的5000吨级货轮。

经过:该轮在从海南海峡中水道驶往湛江港时的航线如下:

12时38分船位:北纬20度15分21秒,东经110度55分36秒,航向060度;

13时25分积算船位:北纬20度19分36秒,东经111度02分54秒,航向020度;

14时15分积算船位:北纬20度27分,东经111度06分,航向325度;

16时55分积算船位;北纬20度54.2分,东经110度45.8分,测深得25米,航向302度;

17 时 06 分测深得 25 米；

17 时 10 分测深得 22 米；

17 时 28 分积算船位：北纬 20 度 57.5 分，东经 110 度 48.3 分，航向 270 度；

17 时 34 分船振动；

17 时 36 分船头有白浪花，备机，减速；

17 时 38 分触礁；

17 时 52 分测得船位在北纬 20 度 51.7 分，东经 110 度 39.3 分处。

该轮的积算船位是根据计程仪读数作出的，但当时吹东北风，风力 6 ~7 级。

分析与建议：

(1) 在积算船位方面：据船上负责人士反映："该轮在过去使用计程仪时，其误差率为 1% ~2%，而本航次误差率竟高达 12%，这是造成这次海难的重要原因"。但由于不知该轮的静水航速，故无法估算本航次在风浪中的航速，而计程仪所显示的数字是船对水的航行距离，而非船对陆地的航行距离，这是必须注意的。在这种情况下，建议按下述二点进行考虑。

(2) 风海流方面：设风力 6 级，风速为 27 节，按须田皖次的建议：取风力系数为 0.03，则风海流为 0.81 节从 12 时 38 分到船触礁的 17 时 38 分共 5 小时，则海流可使船偏离计划航线 4 海里，流向约为西南偏西，这是一个不小的距离。

(3) 关于对海图的关注方面：在经过长距离航行且无准确船位的情况下，就应求助于海图了，这主要是指水深和海底底质。该轮在 17 时 10 分测得水深 22 米，已距 20 米等深线不远了。而 20 米等深线以西是有礁石的，在没有准确船位且见不到目标的情况下，继续航行是不妥的。如该轮于测得水深 22 米时即锚泊，等待天气好转，在能看清目标并定出船位后，再起锚进港，则海难就不会发生了。该轮无雷达，但有测向仪；如利用测向仪测出硇洲岛无线电指向标的方位，同时测得水深，即可得一较准确的船位，也可避免触礁了。

对水深分布情况的分析：海图上所标示的水深是经水深测量取得的，应是可靠的，但单凭一个水深点是不能说明船的位置的，只有在和用其他方法测定的方位或船位进行对比时，才能得出比较可靠的船位。但当海图显示的水深是从岸边逐渐向海洋加深,则这种情况亦可加以利用。如同在从北方港口驶往上海港,在见到佘山时往往就要测深,以明确船位(因该海域水深变化是较明显的),从而避开鸡骨礁、牛皮礁等险区。此外,掌握水深的等深线也是很有用的,如湛江港口外的硇洲岛东南方有不少暗礁,但礁石之东有一条20米水深的等深线,如船的吃水适宜,则只要不进入该等深线以西就不会有危险。

第五章　船体强度

在海上航行时,船体所受的应力是很复杂的,本节只谈船身因纵弯而产生的应力,这种应力影响船的纵结构强度。船舶受最大的弯曲力矩和弯曲应力处,是在靠近船长的中央处;受最大的剪力处,则在距两端约为"两垂间长度"的四分之一处。船体结构一般是按船级社制定的钢质海船建造规范的要求进行设计和建造的,其强度应是合乎要求的。但不同的船级社所采用的标准不同,且各船级社的验船师的工作态度也不同,对此须加注意。按船级社的规范标准建造的新船,在强度上应符合该船级社的标准,也就是说在符合设计标准的海况下,船体强度是没问题的。出问题的船,往往是船在用了几年之后,未经认真的保养,船壳钢板因锈蚀而变薄,造成强度不足而使船舶断裂沉没的。日本在 20 世纪 60 年代末、70 年代初沉没的几艘大船,是在 1964 年度按第 20 号造船计划建造的,是在船舶急速大型化的初期,设计上的未知因素还很多的时候建造的。这些船的船体强度偏低,且不符合日本海事协会的检验要求的。于是就发生了好多起船舶断裂的海难惨案。

如发生在 1968 年 12 月的"博利瓦丸"号轮(54271 载重吨)和在 1970 年 2 月的"加利福尼亚丸"号轮(62147 载重吨)都是在日本的野岛崎东南 500 公里和 280 公里处遇大浪,船舶断裂沉没的。故船舶的设计是必须符合船舶检验主管部门的要求而不允许船舶所有人自行其是的。

船壳外板的厚度,包括为达到船舶的纵向弯曲应力而需要的壳板厚度部分和为锈蚀而增加的部分,即共有两部分。关于外板的厚度,爱勃尔(W. S. Abell)氏在 1916 年曾建议商船的外板平均厚度为:

$$t = (0.105L + 17)/100 \quad \text{英寸}$$

其中 L 的单位为英尺，t 的值乘以25.4即可换算为毫米数值（见《船舶构造力学》，辛一心著）。

对此式，辛一心教授指出："外板厚度中的0.17英寸，一般可看作容许锈蚀的部分，无论软钢和高拉力钢都一样。"由于各船级社制定的规范标准不同，因此在修船测厚时，发现的壳板厚度占原设计厚度的百分比达多少必须换新钢板时，必须征求验船师的意见。

多年前，笔者在对一艘新购的2万吨级旧船进行修理时，对其中部70%长度内的外板及主甲板，只要是目前厚度低于原设计厚度90%的钢板，全部予以更换，使该部分壳板厚度达到不低于设计时的标准。后该船在营运过程中，在大海上曾遇到8级大风，但能顺利航行。

从船的纵向方面而言，船本身各部的重量和浮力的分布是不一致的，但在设计时已加以考虑，并作出补偿，故轻载时航行于平静的水面是没问题的；但在装货过程中和装载后情况就不同了。曾有一艘万吨级的外国籍货轮在八所港装矿砂时，外籍大副拒绝码头管理人员提出的多年来行之有效的矿砂装船方案，要在5个舱中，先装满第3舱，结果在按该大副的方案装船后，船发生了严重的中垂而使船变形，只能卸出矿砂去往船厂修理。

就船体的纵向强度方面而言，在海上航行时最大的危险，就在于波浪长度与船长约略相等，当浪头高大，而船的艏向与波浪的走向约略相同或相反时，这时就会产生严重的中拱和中垂，对船的强度极为有害，故应避免。

案例5-1
一些大型船舶的断裂

前面谈到日本在1964年按第20号造船计划建造的几艘大船强度偏低，不符合日本海事协会的检验要求，在1968年12月有"博利瓦丸"轮（54271载重吨）和

1970 年 2 月“加利福尼亚丸”轮(62147 载重吨)二艘船在日本的野岛崎(在东京湾口外)以东断裂沉没,留下惨痛教训。但除了这些设计强度不合格的船以外,还有下列一系列的类似海难:

1970 年 1 月,利比里亚的油轮“索菲亚”号(10210 吨)在距野岛崎 1300 公里的太平洋上断成两截沉没。

1970 年 2 月,利比里亚的货轮“安东尼奥斯·狄马迪斯”号(15977 吨)在距野岛崎 1800 公里的太平洋上沉没了。

1980 年底,南斯拉夫货轮“多瑙河”号(14712 吨),在从美国洛杉矶驶往我国青岛港时,在 12 月 28 日上午,于日本野岛崎以东海面 1220 公里的太平洋上发报说:遇到暴风雨,船速减低。第一舱进水,正在用泵抽水。之后再无电报,连求救信号也没有,船就失踪了。

1980 年 12 月 27 日夜,利比里亚的货轮“阿迪尼斯”号(29700 吨)在野岛崎以东海面发出求救电报说:由于暴风雨,船舱进水,船首下沉,船尾上浮,船舵失灵,已无法航行。日本巡逻船救出了该船船员。事后,据获救船员说:“当时刮着每秒 17 ~ 28 米(约为 7 ~ 10 级)的西风,平均浪高达 4 米以上。”

以上叙述了几艘大型货轮的沉没海事,看来这些海难的发生都和遭遇大风浪有关,但都没有详细资料(从英版“世界航路”的资料看,这些船的航线都偏北)。那么让我们看一下“尾道丸”轮的沉没经过,并加以分析吧。

案例 5 – 2
“尾道丸”轮断裂的海难

日期:1980 年 12 月 30 日 14 时 30 分。

地点:在太平洋上日本以东洋面,概位为北纬 31 度,东经 156 度 11 分处,船首被折断。

船舶资料:日本籍船,长 218 米,宽 31.7 米,吃水 11.6 米,是载货 56300 吨的矿砂、煤炭、谷物运输船。

经过:该轮装着5万多吨的煤,于1980年11月27日从美国南部港口出发,经巴拿马运河,进入太平洋,驶往日本。经一个月的航行,该轮到达北纬30度,东经160度的海区,这里是西太平洋低压中心的南缘,遇到了强西风和大浪,航速显著下降。12月28日傍晚,主机转速由116转/分减为90转/分。

29日08时,刮西风,风力7级,波高6~7米,波长150~180米。船行驶在275~278度的航线,巨浪拍打着船首右舷,涌浪冲上甲板,船速降至7~8节。

30日06时30分,吹西南风,风力8级,涌浪高8~9米,主机转速降至85转/分,航速6.3节。08时15分,航向反转180度,顺风航行。对舱盖、货舱、双层底和水密门等进行了检查,未发现异常情况。09时40分,风浪更大。14时30分,航向290度。涌浪来自左舷20度方向,船体在航行中受到波浪周期性冲击,船首在涌浪中起伏。正当船首随着浪谷下降时,突然在船首右舷出现十几米高的巨浪。巨浪将船前部抬起,船首被折断,主甲板遭到破坏。16时49分,船首断离。"尾道丸"轮成了一艘无头船。1981年1月1日,在保留一台发电机继续运转,为航行灯供电,并点亮全部甲板灯后,船员乘救生艇离船,并由航行在附近的"达比亚丸"轮救出。但"尾道丸"号轮则于2月11日18时05分在北纬15度22分、东经155度28分处沉没。即从船首部折断时起到船沉没时止,共在大洋上漂浮了43天3小时11分,漂程达970多海里。

专家的分析:北太平洋冬季的风浪是很大的,但船舶在设计时,对此已加以考虑,其强度应能对付这种风浪的,但对那些高达20~30米的金字塔形"三角波",很多巨轮是难以抗御的。"尾道丸"轮失事时遇到三种波浪:分别是西南风产生的风浪,波高4米,周期约8秒;正西方向来的涌浪,波高6~8米,波长约200米,周期12秒;西北方向来的涌浪,波高4~6米,波长约250米,周期13~14秒。这三种波浪经过叠加后,波高可达14~18米。据报道"尾道丸"轮船员看到船首右舷突然出现巨浪,它可能就是在这种条件下产生的。另外,两股涌浪的波高都比风浪大,且波长都在200米左右,因此合成的涌浪波长也会在200米左右,正好与船长接近。这种波长对"尾道丸"号轮威胁最大:当尾段在波峰上时,船首会落在下一波峰上,而船中部就悬空在波谷上；当船中部在波峰上时，船首、尾两部分都悬空在前后两个波谷上。如此周期性的变化，使船体受力非常不均，很容易折断。

分析与建议：对专家的分析，我们认为是正确的。船舶设计时，其强度的计算必以一种波高为根据，当波高超过设计标准时，船舶即处于强度不足，即不安全状态。但这种分析只是对船体强度方面的分析，而未考虑气象和海况。海上的气象和海况情况是复杂的，有时风浪和涌浪同时来袭，故波高往往会超过单纯因风浪而造成的波高。以上几艘船的海难都是在冬季发生于日本东京湾口千叶县野岛崎以东洋面，即北纬 30 ~ 36 度，东经 144 ~ 160 度之间的洋面。而"尾道丸"轮的出事地点在北纬 31 度，东经 156 度的海区。这里接近冬季西太平洋低压中心的南缘。据英版"世界航路"的资料，该区在这个季节每月有 5 ~ 10 天是要刮大风的（主要是西风）。而据该书资料，大风区的南缘约为北纬 28 度线。在航行中如感到浪大，或接到的气象报告表明气象恶劣，将航线改为从低纬度行驶，以避开大浪区，就像在航行中避台风一样，当可避开此灾难。这个海域被人称为"魔鬼海"。看来航线最好能避开大浪区。建议在制定远洋航线时参阅英版《世界航路》（Ocean Passage for The World）。

此外，在海难发生后的 12 月 31 日 08 时 30 分，船员对货舱和压载水舱进行检查和测量时，发现 2 号压载水舱进水，3、4 号压载水舱情况正常，然后从尾部排出 260 吨压载水以保持纵向平衡。这说明在大风浪中，有些壳板可能已裂开或电焊缝已漏水，而且这些船都使用了多年，其壳板厚度达到原设计壳板厚度的百分比都不明确，这些都是船长必须加以关注的。此外如稳性适合，则调整航向使之勿正对大浪，并予减速，应是有效的。在二战期间，1944 年 12 月菲律宾海战时，美国舰队中有 4 艘驱逐舰在莱特岛以东海域遇到了强台风，其中一艘因机舱原因无法启动主机，只能在大风浪中漂泊，但在台风过后竟然无恙；而另外三艘采用了大功率顶风浪做法的则均沉没了。可见在大风浪中绝不能采用大功率顶风浪的做法。

案例5-3
关于"辛"轮沉没的海难

日期:1998年2月7日22时40分。

地点:在南海中部海域,北纬9度30分,东经110度30分(即约在永暑礁以西约70海里处)。

船舶资料:"辛"轮于1973年建于英国,是散货船。其主要资料如下:

总长:178.31米,型宽:27.09米,总吨:19072。

载重吨:32818吨,航速:12节。

人员情况:该船有34人,4人生还,30人遇难或失踪。

经过:"辛"轮于1998年春季自印度国装载27499吨矿砂驶往南京,2月7日行驶于南中国海(这时正值东北强风季,南海西部风大浪高),当时吹6~7级东北风,海面有3~4米的大浪。21时40分,机舱发现主机机油油位下降约30厘米,并未发现漏油现象。在对油仓进行测量时,发现油位下降约1英尺,此时有人发觉船头好像有点往下扎,轮机长在得知此情况后,即向驾驶台报告。此情况说明船已首倾,船长即令木匠与一水手一起去前面量水,但因浪涌上甲板,无法量水。此时有大暴雨。船长与公司通话三次均未接通。在第四次通话时,电话接通了,船长告知公司调度员:气象骤变,狂风大作,船位在北纬9度30分,东经110度30分处,船体发现一舱进水,船艏下沉。刚说到此,电话中断。此后船长用甚高频无线电话16频道发出求救信号。遂即有在附近的一艘国轮前往施救。"辛"轮于22时35分发出弃船警报,并放下救生艇,但最后仅四人获救,30人全失踪。

分析与建议:该轮的海难显然是由海浪造成的,但根据现有资料,当时风力6~7级,海浪3~4米,风浪虽然是比较大的,但还不算太严重,故必须从船体结构和航线上找原因。

(1)船体结构方面:该轮是一艘老旧船,船龄已有25年,即超过了两个大修周期,保险费是特高的。经过多年营运,壳板当已逐渐变薄,从船首倾的情况看,船前部壳板已破损,以致水进船舱。即船体强度已变差,问题在于船进坞修理时,为何没有发现壳板厚度不足的现象,并予以更新?

(2)航线方面:在英版航路指南和海图上,都介绍说:在南中国海的强东北季风期间,从马六甲海峡驶往珠江口或台湾海峡的功率较低的船,建议行驶靠近菲律宾的巴拉旺水道,避开大浪区,以策航行安全。总之,建议避开大风浪区。

案例5-4
关于“爪哇海”号钻井船的沉没海难

日期:1983年10月25日。

地点:我国海南岛西南角莺歌海以南的南海海域中。

船舶情况:“爪哇海”号是美国在1974年建造的自航式钻井船,全长120.2米,宽19.8米,最大吃水6.4米,排水量11302吨,系双螺旋桨船。

人员遇难情况:全船81人全部遇难。

经过:1983年,该轮在我国海南岛莺歌海以南的南海海域,进行钻探作业。10月21日,1983年第16号台风形成。25日凌晨,莺歌海附近海域风力达9级,以后风力逐渐加大。21时10分,风力达12级以上,据报船舶横摇增至30度。23时15分,“爪哇海”号报称:“船体右舷第6舱与第7舱之间的船壳板出现大裂缝,海水迅猛涌进该二舱。”接着又报告主机发生故障。到凌晨“爪哇海”号失去联系。

事后,探测到该轮沉于水深94米的海底,船上的81人无一幸免。

分析:

(1)该轮的设计是为在海上进行钻探工作服务的,其稳性和强度应符合船级社的规范要求;但如风力超过设计标准,则不论在稳性还是在强度方面都是有危险的,故风力大时应避开台风中心。

(2)该轮布有8个锚以确保钻井位置的精确度,由于在海上进行石油钻探服务时，对钻井位置精确度的要求非常高，且海底也有设备，在进入该位置是有一定难度的，故船长不肯轻易离开。但根据现有资料看，该轮的沉没是由于船壳板出现裂缝，海水大量涌入船舱造成的。按该轮船龄才9年，尚未到一个大修期，船壳板不应变得很薄，电焊缝也不应有问题。但当时的海况不明，到底当时浪有多高、涌浪情况如何以及涌浪走向相对于船首向的角度都不清楚，我们无法分析。但总的看来船体强度是不足的。由于台风中心情况是在不断变化的，大风浪中会产生怎样的波浪也无法预测，故以尽早避开为上策。在不得已时，可参考海上石油钻井平台的做法，在台风施虐前，用直升机将所有在船人员撤离，俟风过后再送人员回船施工。

参考资料：1969年7月28日，当强台风侵袭汕头时，风速达每秒55米（相当于16级风），当时在汕头港内有5艘国轮和5艘外轮，在台风过后，发现5艘国轮全都平安无事，但在5艘外轮中，则有1艘2000吨级的货轮触礁沉没，另1艘5000吨级来往于新加坡、黄埔、汕头三港之间的客轮则严重搁浅（该二轮后均被我国打捞队救出），故遇台风或暴风以避开为佳。

第六章　执行当地的规定

每个国家在其领海范围内，在每个港口其所管辖区域内都制定必要的规章制度，这些规章制度是各船必须遵守的，不然就会受到惩罚。

案例6－1

关于“新星”号货轮沉没案

日期：2009年2月12日晚。

地点：俄罗斯国远东的纳霍德卡港以东约90公里的海面。

人员情况：8人失踪，其中7人遇难。

经过：据中国香港吉瑞祥公司反映：“新星”轮于2009年1月3日在曼谷装4978吨袋装大米，于1月29日抵俄罗斯远东的纳霍德卡港，俄方以货损为借口停止卸货，索要33万多美元的赔偿费。直到2月11日才继续卸货，当晚卸完，但代理公司迟迟不为该轮办理离港手续。船长在期租人同意下于2月12日晚开航。俄罗斯军舰在远离海岸处开火，“新星”轮在返还纳霍德卡港时，遇6级大风而沉没。船员8人失踪（其中7人死亡）。3月28日在日本的本州岛沿岸发现“新星”轮上还有中国船员遗体。

从上述事实中，可知在未得港口代理办理离港手续前，期租人就同意船离港，这是极端错误的行为，也是船长应避免的，因为离港手续在每个港口都是必须办的，且每个港口都有不同的规定。作为船方而言，它永远是弱势的一方，故必须遵守当地的规定。

“新星”轮

第七章 拖　　航

拖航应特别注意拖力是否足够和拖缆的强度等问题。拖轮船队的静水航速与拖轮的拖力及拖轮船队的水阻力有关。由于海上有风浪,在风浪中船舶的阻力会加大,故至少在6级风时,必须能有拖速;拖航前必须要求被拖船的稳性能胜任抗御航区的风浪,拖航中必须防止被拖船进水和在大风浪中拖缆断裂等问题,现分述如下。

一、关于拖轮的拖力问题

拖轮在建成后,船舶制造厂要进行系柱拉力试验,得出结果后,经船级社认可,在证书中予以注明,这是必要的。在石油公司作出的为钻井平台的拖航和服务的招标书中,外国石油公司往往对三用拖轮提出主机功率和系柱拉力的具体数字要求。拖轮公司在呈报的标书中,要将拟投标的三用拖轮的主机功率及系柱拉力的数字和系柱拉力证书的影印件提供给石油公司。

系柱拉力的计算单位一般以吨表示;但船舶阻力有两种表示法,即吨或有效马力(EHP或EPS)。二者关系如下:

英制:

$$EHP = 0.5145Rv/76 \tag{7-1}$$

式中:EHP——有效马力(英制);

R——船舶(平台)阻力(公斤);

v——静水航速(节)。

公制:

$$EPS = 0.5145Rv/75 \tag{7-2}$$

式中:EPS——有效马力(公制)。

案例 7－1
在海上拖石油钻井平台

日期:1976 年 11 月。

任务:将平台自新加坡拖往海南岛三亚港。

平台资料:平台名"南 1 号"(化名),系自升式海上石油钻井平台,主要尺度:长:65 米,宽:64.6 米,深 7.9 米。

根据现有资料,该平台在一般拖航状态时的资料如下:

吃水(T):4.5 米,排水体积(V):8400 立方米,排水量(Δ):8631 吨,艏板水下面积(A):291 平方米。

罗布雷公司提供的在逆风时的水阻力资料(EHP)如表 7-1 所列。

表 7-1

航速(节)	3	4	4.5	6
4 级风以下阻力(EHP)	1024	2140	2840	5860
5 级风时阻力(EHP)	1271	2470	3210	6354
7 级风时阻力(EHP)	1659	2986	3790	7125
9 级风时阻力(EHP)	2209	3610	4495	8070

拖轮资料:当时拖"南 1 号"平台的拖轮为"拖 1 号"(化名),其主机功率 9000 马力,系柱拉力为 82 吨。

日期:1976 年 11 月,即正值南海东北季风期。

任务:将该平台自新加坡拖往海南岛三亚港。

航线:拟定的航线为经越南东部沿海北上。

按罗布雷公司提供的资料,在 4 级风以下时,该平台在航速 4 节时的阻力为

2140 有效马力(英制),即 79.0 吨;在 5 级风时,船速 3 节时的平台阻力为 1271 有效马力(英制),即 62.6 吨;在 7 级风时,船速 3 节时的平台阻力为 1659 有效马力(英制),即 81.7 吨;在 9 级风时,船速 3 节时,的平台阻力为 2209 有效马力(英制),即 108.8 吨。由此可见在不计拖轮本身阻力的情况下,"拖 1 号"的最大拖力,在 4 级风的情况下尚能达到航速 4 节(这和实际情况也是相符的),在遇到 7 级逆风时,虽船速尚可达 3 节,但除去逆流,航速就很小了。当时是 11 月,据英版航路指南的资料,从 10 月至次年 1 月,在越南沿海从北纬 11 ~ 16 度的海域,即从湄公河口至岘港一带海域的海流是南流,流速达 1.25 ~ 2.0 节;而在北纬 11 ~ 13.5 度的上述海域,即从湄公河口至归仁一带的海域,在风力强劲时,曾测得 4 节的流速。当时"拖 1 号"船队正在此海域遇到逆风 10 级,阵风 11 级的大风,因拖力不能战胜由自然条件产生的阻力而后退了 150 多海里,在适宜处锚泊。这种做法是符合安全要求的。之后,用两艘 9000 马力拖轮采取了串拖方式,将该平台拖到了三亚港。需说明的是该船队在从新加坡港启航时,就采取有备无患的措施,使用了两条直径相等的拖缆,故虽遇大风浪,但在拖缆强度方面没有问题。因该拖轮所使用钢丝绳的破断力约为 260 吨,而以后当使用两艘同等大马力拖轮串拖时,其拖力和达 164 吨,在遇到大风浪时也是安全的。

航前的检查:

任何船舶在出航前,都要做认真的检查,使之符合船级社的要求才能出海,这样做就可避免大多数海难。而对被拖船来说,更应加强检查。因在拖航过程中,拖轮并不知道被拖船出现什么问题,故也无从采取相应的补救措施。其中最常见的是舱室的水密问题。

前面提到过的"浚岩"号挖泥船被拖沉的海难,除了因风浪加大,被拖船要想减速,而错误地点燃了要求加速的信号灯,致使拖轮加大主机功率,加大了拖速,使大量海浪涌上被拖船甲板;而最关键的问题是舱室的水密工作未做好,致使海水进入舱内,产生了自由液面,恶化了稳性使船沉没的。所以船舶出航前必须认真细致地进行检查,不能马虎大意。

案例7－2
“北2号”石油钻井平台的拖航海难

日期:1979年11月25日。

地点:渤海中部。

人员情况:平台上共有74人,仅2人生还。

经过:“北2号”(化名)平台是由日本建造且曾使用过的坐底式钻井平台。1979年11月该平台在渤海完成了计划中的钻探施工后,按照上级的安排,将被拖往另一个工地进行钻探。24日10时14分,平台在台身降下后,由8000马力的拖轮拖往另一工地。初时航速2.5节,20时,风力从7级升到8级,后来达到9级。据报平台干舷仅1米,故当风力大于5级时,海水即可涌上甲板。由于泵房配电盘上面的甲板舱盖漏水,涌上甲板的水可通过该舱盖下漏,漏入的海水引起配电盘短路着火,火虽被扑灭,但配电盘烧坏了,泥浆泵不能启动,进到船舱里的海水无法排出。此时,平台主甲板上还未来得及收拾好的钻杆、氧气瓶和打桩锤等绑扎成捆的物品都被海浪打得七零八落。船员们也因危险无法去抢救。25日凌晨,后甲板左舷的第三个通风筒帽被打落,海水顺势涌进舱内。在此紧要关头,全体人员用苫布尽力堵住通风筒,海水涌进的速度有所减缓。但一个多小时后,风浪加大,通风筒终于承受不住海水的巨大压力,被连根打断,海水即从直径80厘米的通风筒口涌入舱内,向泵舱冲去。刹那间,底舱被灌进了大量海水,应急发电机被淹没,整个平台顿时漆黑一团。拖航指挥员意识到眼前的危险,立即做出通知拖轮调转航向的决定。企图让平台的生活楼来挡浪,但就在转向时,平台被巨浪掀翻,沉入海底。在启航时平台上有74人,海难发生后,仅2人生还,有72人遇难。

分析与建议:

(1)关于适航要求方面:该平台是一台具有沉垫座的坐底式海上石油钻井平台。原设计的拖航状态是使平台底板与沉垫座顶板相接触,但本航次为防止可能跌落在沉垫顶板上的水泵洞穿平台底板，故在拖航时便在沉垫座顶板与平台底板之间拉开一段距离（据报此前曾有一台水泵落下，怀疑落在沉垫座顶部）。此外，现实状态是平台上有2400多吨压载水没按规定排出，另有780吨可变载荷未按规定卸下来，这就使平台在拖航时的吃水深度超过规定的要求，而干舷只剩下1米了。这种状态是不符合船级社认可的拖航条件的，即稳心高度及干舷都不符合要求，且增加水阻力，这是造成海难的根本原因；为了安全，在拖航前必须要达到船级社认可的情况才能拖航。

（2）气象、海况及对平台的水密要求方面：此次拖航时，气象和海况的确不好；但在华南，石油钻井平台的调遣，也多是在这种气象和海况的条件下进行的。在此次拖航前由于干舷低，且未关好水密舱盖，致使配电盘上的水密舱盖漏水，造成配电盘烧坏，泥浆泵不能启动，无法排出进入舱内的水；由于船舱内有了海水，就使船产生了自由液面，恶化了稳性。估计平台的倾覆是因舱内存水产生自由液面，使稳心高度变成负值，加上船转向使风浪来自舷侧而造成的。

（3）对船体设备的维修保养方面：该平台在修理时，由于对紧固甲板上通风筒盖的螺丝的作用注意不够，使公扣和母扣相差了一个型号，于是通风筒盖就不能牢固地联结在甲板上了，在大浪的冲击下，就将通风筒盖彻底掀开（这与干舷太低有关），于是海水大量进入底舱，由于底舱没有隔舱壁，这就产生了自由液面，降低了稳心高度，逐渐使之成为负值，由于此时平台的回复力矩已变为负值，即平台本身已产生了倾覆力矩，于是在转向过程中，当风浪都来自舷侧时，平台的倾斜角逐步加大，造成平台的倾覆；且指挥员对船舶稳性的情况和可能发生的情况看来全未作考虑，轻易地决定转向，由于稳性的影响，船倾覆得很快，以致连放救生艇的时间都没有，这是造成遇难人多的一个重要原因；当时如果平台处于顶风状态，则放救生艇救人应还是可以的。

（4）对平台现状的检查方面：该平台海难发生的原因主要的是上述三条，关键在于修船时和拖航前未作认真检查，使平台处于正常状态时再出厂和拖航；但当时正值“文化大革命”结束不久，有些规章制度尚未恢复，也是造成这次海难的重要原因。但该平台从日本拖来我国时，必然经有关船级社的检验和认可，而船级社作出的规定,在拖航时是必须遵守的。但该平台的此次拖航,看来并未遵守船级社的规定。由于上述一系列原因造成船员70多人的遇难,教训是惨痛的。航前如怀疑在沉垫座顶部是否有水泵的问题,可安排潜水员下水检查,以查明真相,如确有水泵,可予以清除,则沉垫座顶板即可与平台底板相接触,2400吨压载水及780吨可变载荷也应按规定予以排出及卸下,在做了这些准备工作后,平台的吃水将减少,而干舷将增加,于是涌上甲板的海水将减少而拖速可增加;此外,舱口及水密门、窗都要达到水密的要求,使海水不能进入船舱,不会产生自由液面,稳心高度不会变化。在达到船级社认可的条件后再拖航,当可防止海难的发生。从一系列海难事故中,使我们清醒地认识到:作为船长首先应考虑船舶和人员的安全,只有在安全的条件下才能启航。船员职务规则规定了每个船员的职责,这是公司规定的要求,也是每个船员必须做到的。在"文化大革命"期间,本人曾奉命拖一艘挖泥船从广州出海去往海口港,当时船检部门已撤销,无人负责检验工作,在本人去该船检查时,发现该船无锚,这是不符合拖航条件的。在向有关领导反映后,并配备了锚以后才启航。故符合开航条件再启航是必须做到的。

(5)关于拖轮方面的情况:该拖轮仅知其主机功率为8000马力,拖轮的系柱拉力和平台阻力是多少并不知晓,据云拖轮是日本设计和建造的,但开始拖的时候,虽未明了风向和风速,但航速仅2.5节,的确是太低了。由于各个船舶设计公司工程师的技术水平不同,且对拖轮准备执行任务的要求不同,故同样主机功率的拖轮,其系柱拉力是不同的(例:前述的"拖1号"轮是按日本图纸设计施工的,主机功率9000马力,系柱拉力82吨,但其主要任务是救护,故航速较快;而三用拖轮"威力"轮是按挪威图纸设计施工的,主机功率6000马力,系柱拉力84吨)。故在选用拖轮时,不单要考虑主机功率,还要考虑系柱拉力。只有系柱拉力才能表示该拖轮是否有能力执行预定的任务。

(6)从已知的情况看,该平台在拖航前所做的准备工作是不符合拖航要求的,建议今后拖航领导小组能安排资深船长参加,并要尊重其意见,在各方面都符合船级社的要求后再启航,以确保平台和人员的安全。

案例7－3

关于“卡尔斯卡耶”（又译“克垃”）号海上石油钻井平台的海难

日期：2011年12月18日。

地点：在距俄罗斯西伯利亚以东的库页岛200公里的鄂霍次克海中心海域。

船舶资料：该平台于1985年建于芬兰，据报告中说，在拖航时，由于舷窗破损，船体浸水才导致平台沉没的，该平台应是自升式或坐底式平台。

遇难人数：本航次平台上共67人，其中14人获救，至少4人丧生，49人失踪。

经过：“卡尔斯卡耶”号平台在2011年12月18日在距俄罗斯西伯利亚以东的萨哈林岛（库页岛）200公里的鄂霍次克海中心海域，由一艘破冰船和一艘拖轮进行拖航，拟将该平台拖往库页岛。当时海面风速每小时70公里（相当于8级风），浪高4米，据云平台的舷窗遭海浪和冰块的冲击后破损，船舱开始进水，导致作业中断。平台上人员在等待直升机救援时，平台倾覆沉没。

事故调查委员会表示：对钻井平台进行牵引作业时违反安全条例，并且忽视了当时的恶劣天气条件，这是事故发生的主要原因。而据紧急情况部发言人说：平台在出事前已出现故障。

分析与建议：

（1）该平台是在芬兰建造的。由芬兰拖往远东的鄂霍次克海要航经大西洋，过好望角，再经印度洋、中国海和日本海才能到达，其中不少海域是大浪区，该平台能安全到达，说明在拖航时平台的稳性是符合规范要求的；

（2）据事故调查委员会表示，在对平台拖航进行牵引作业时违反安全条例及忽视当时的恶劣海况；而据紧急情况部的发言人说：平台在出事前已出现故障，但未指出真正原因何在；按该平台在从北欧拖往远东过程中稳性是符合要求的，在遇到8级风、4米高的浪时应不会倾覆。在华南，外国石油公司所使用的海上石油钻井平台的调遣日期都是预定的，到时即使气象海况恶劣，遇到8级大风，也是按计划进行作业的，故对三用拖轮及其系柱拉力要求很严格。但据报该平台的倾覆是由于舷窗在遭海浪和冰块的冲击后破损，海水灌入舱内导致沉没的。根据常识，舷窗不可能设在水线附近，且舷窗内侧有金属盖板，只要把舷窗及其盖板关好，海水是不可能大量灌入舱内的。估计平台沉没的原因是平台船龄太长（船龄26年，超过两个大修期，且在高寒地区作业），而未进行认真检查修理，导致有些船壳板厚度太薄，在大风浪中破裂，造成船舱浸水。或者是航前未关好舷窗和舱盖导致海水大量进入平台舱内，造成了自由液面，这就引起了横向稳心高度的降低，以致逐渐成为负值，产生了倾覆力矩，因而当海上吹起8级风，且有4米浪的情况下，平台就倾覆了。看来该海难与平时对平台保养不善、航前平台台长和拖轮船长对平台未作认真检查，而且未等隐患消除即匆忙启航等行为是有关的。

二、拖航中拖缆断裂问题

拖航中拖断拖缆多半是在大风浪中发生的，当然也有在港内拖航断缆的。这主要是对拖轮的拖力及拖缆的强度估计不足，或操作不当所致。由于在大风浪中接拖是非常困难且危险的，故对拖轮的拖力和拖缆及被拖船的系缆桩等情况必须予以认真检查，在符合要求后才能启程拖航。此外由于波浪的起伏，使拖轮与被拖船之间的距离在瞬间会有变化，这就使拖缆在瞬间会受到很大的力，故需将拖缆中部沉入水中作为缓冲。而在拖救搁浅的难船时，为了加大拖力，拖轮往往会在短时间内加大主机功率，这时往往因拖缆短，产生瞬时的强拉力而断缆（按物理学原理：$F = ma = m\mathrm{d}v/\mathrm{d}t$，式中 F 是所受的力，m 是拖轮的质量，a 是加速度；在此公式中，m 是不变的，$\mathrm{d}v$ 的值虽有增加，但其变量不大，关键在于 $\mathrm{d}t$，$\mathrm{d}t$ 值愈小，即时间愈短，则拖缆 F 所受的力愈大）。在"航工1号"拖轮拖救搁浅的波兰万吨级货轮"华伦斯基"号和中型客轮时，都曾拖断拖缆。

关于拖轮的拖力问题：拖轮在建成后，厂方一般都提供系柱拉力的数据；系柱拉力与主机功率、螺旋桨直径及螺距等有关，若拖轮无该数据，则可以以主机每马力作10～15千克估拖力（对有可变螺距的拖轮可以较高值来估计）。

关于拖缆的强度问题：拖缆的强度是与拖轮拖力相适应的，过去在小功率的拖

轮上,我们所选用的拖缆,其破断力多为拖力的6倍,即安全系数为6倍,但现在规定则如下:

系柱拉力小于或等于100吨者,安全系数为3倍;

系柱拉力大于100吨者,安全系数为2倍(但不小于300吨)。

案例7-4
"阿莫加·卡其斯"号超级油轮触礁沉没的海难

日期:1978年3月16日。

地点:法国西海岸的维松岛附近(约在北纬48度36分12秒,西经4度45分54秒附近)。

船舶资料:"阿莫加·卡其斯"轮是一艘挂利比里亚旗的巨型油轮。

经过:"阿莫加·卡其斯"轮是一艘悬挂利比里亚旗的载重量达25万吨的巨型油轮,1978年初,该轮在波斯湾装了22.3万吨原油和轻柴油经印度洋、好望角和大西洋驶往荷兰的鹿特丹港。在3月15日,当船到英吉利海峡附近时,由于未及时定位,使船偏离计划航线,进入了专供船舶南驶的分航道(即靠近法国海岸的航道),船长虽拟将船转往海图上标示供船北驶的分航道里去,但南下的船川流不息,以致无法转过去。而南驶的分航道东距欧洲大陆是较近的。当时海面吹西北风,风大浪高。16日上午9时许,当船航行在离法国西海岸不远的维松岛附近时,突然舵机失灵,除当即派人前往检修外,船长还立即发报向总公司报告。但经检查发现:舵机主液压分配器的螺栓断了,油箱里的液压油也几乎漏光了,舵杆已无法带动。船随着狂风巨浪向东南方向的维松岛附近的暗礁区漂去,但船长一直未下锚,于是离礁区愈来愈近。在这种紧迫情况下,船长发出了求救信号,一艘1万马力的拖轮"太平洋"号很快就赶到现场。但当拖轮船长提出按劳氏标准救助合同进行救助工作时,竟被油轮船长拒绝,他认为应按公司指示办理,而当时尚未收到公司指示。直到17时20分,法国布勒斯特港、国际海上交通机构委员会和劳埃德保险公司等多个单位都分别致电油轮船长，劝其为了挽救危难中的油轮，不要再固执己见，希望他能接受劳氏救助合同。这时油轮船长才同意与“太平洋”号拖轮签署救助合同。在狂风巨浪中，在十分艰巨的操作情况下，拖轮终于接近了油轮，并把一根直径65毫米的钢丝绳(破断力可达300吨)送上油轮并系好，但在启拖后，在一阵大浪的冲击下，拖缆断了，油轮又随波逐流以致搁坐在礁石上，船底破裂，油溢出，造成大面积污染，油轮则沉没了。

分析和建议：从报道情况看，“太平洋”号是一艘10000马力的拖轮，由于西方的统计法，此10000马力往往是主机和发电机功率之和，故该拖轮的系柱拉力应在100吨左右。造成断缆的原因估计是拖轮放出的拖缆太短，拖轮增加主机功率太快，以致所产生的瞬时拉力超过钢丝绳的破断力而造成钢丝绳断裂的。在我国沿海曾有两次于大风浪中拖救搁浅的难船时，结果都曾发生了拖缆断裂事故。但此次油轮是在漂浮状态，并没有搁浅，因此在将漂浮的油轮拖往深水中时，应使用逐渐加大功率的措施，以策安全。故看来“太平洋”轮的船长在短时间内用突然加大功率的措施来拖航，是造成断缆的根本原因。此外油轮船长在船失去动力而又在礁区附近漂泊时，竟不下锚，这也是造成海难的重要原因，作为公司的海监部门在遇到这种危难情况时，应当对船长作出技术性指示。

案例7－5
“壬”号拖轮拖打捞浮筒断缆的海事

时间：1961年10月。

地点：香港以南、担杆岛以东海域。

拖轮资料：“壬”号拖轮的主要尺度如下：

水线长42.67米，宽10.20米，吃水4.6米，主机功率1200匹指示马力。

经过：当时的任务是自广东省汕尾港拖两个250吨打捞浮筒往广州，两个浮筒之间用72毫米直径的浮筒千斤作拖缆，此拖缆每条长50米，其破断力达200多吨。自汕尾至珠江口桂山锚地航程不足100海里，当时强风刚过，海上吹5～6级东北风，虽是顺风但波浪仍不小。当拖轮船队航行至香港南方海域时，在两个浮筒之间的拖缆突然断裂，在后面的浮筒就随波逐流而漂去，在拖轮前往接拖靠近浮筒时，有三位打捞工跳水，游至浮筒边，爬上浮筒，在接好拖缆后使拖轮继续拖航。

分析与建议："壬"号拖轮的系柱拉力约为12吨，而两个浮筒之间的拖缆用的是直径72毫米的浮筒千斤（即钢丝绳），其长度仅50米，但破断力有200多吨，由此可见波浪造成的破坏力极大，而拖缆过短，且其中部未浸入水中，使拖缆无缓冲余地，故在瞬时受到大力时就在最薄弱处断裂了。

此后，在20世纪80年代初，当用2640马力拖轮（系柱拉力约20吨）于10～11月间，自辽宁省的葫芦岛港拖2个500吨浮筒前往广州时，当时正值东北强风季，我们将拖缆放得较长，且中部的下沉量达到水下8米，该航次航程近1500海里，且遇到大风浪，但一切顺利，看来防止断缆是与拖缆长度直接有关的。

第八章　防止意外情况的发生

船上发生的意外情况是多种多样的,但在这里所说的意外情况主要是指火灾、主机失灵使船无动力前进和在风浪中救生等情况。

一、关于防止火灾的发生及救援

案例8－1
"大舜"号客货滚装轮的火灾

"大舜"轮是在20世纪80年代在日本建造的客货滚装船,1999年2月被我国购入。该轮长126米,宽20米,总吨位9843。其任务是往返于烟台港和大连港之间,以运送旅客、车辆和货物等。该轮的海难在案例1－5中已有所说明,本处主要谈消防方面的一些问题。1999年11月,"大舜"轮在从烟台港驶往大连港时,船上装了61辆各种类型的汽车。15时,海上起了大风,风力达7~8级,浪高达5米,船不可避免地发生了摇摆。15时07分左右,值班乘警报告:汽车舱内有车辆的碰撞声,车辆可能在移动。15时15分,船长感到浪太大,经申报得到认可后,即采取了返航行动。但因船的横摇角度达30度,引起舱内汽车大幅度移动,并相互碰撞产生了火花,随之车内汽油外泄,和因汽车相撞而产生火花,于是形成了熊熊大火。

船长虽令大副和二副带人灭火,但他们采取的是以水枪喷水灭火的措施。而以水灭油火不但无效,且会将火区扩大。16 时 35 分,舵机失效,由于没有了舵效,船只能在大风浪中随波逐流。虽然来了救助拖轮和不少其他船舶,但因浪大无法施救,也不能接走旅客和船员。结果该船于当日 23 时 50 分烧毁,沉没于北纬 37 度 29 分、东经 121 度 46 分处,即在烟台市牟平养马岛附近。共有 282 人遇难,仅 20 人生还。

分析与建议:

(1)关于货物的固定方面:该轮在航前未将所有汽车都固定好,于是在大浪中,船左右摇摆时,未固定的汽车就发生移动互撞,不但汽油泼出,且因汽车相撞产生的火花,引起火灾;这种灾难的起因在于规章制度执行不严,如启航前,按规定将所有汽车都固定好,则汽车不会移动相撞,汽油不会溢出,火灾也就不会发生了;

(2)关于设备方面:该船是否有灭油火的装置,现不得而知,但该轮在日本时,其任务也是用以装运汽车的,故以常识判断,该轮应该是有灭油火装置的。企图用水扑灭油火引发的火灾,不但无效,还会加大火灾的范围,同时,这样做会增加船的吃水和造成自由液面,恶化船的稳性;

(3)关于该轮各项设备的用途及操作要求方面:该轮是向日本购买的二手船,接船时可能对方未将该船各项设备的操作方法告知我方接船人员,而我方船员的分工可能并不明确,对一些设备的操作及使用要求并未认真了解,于是在紧急情况下就采取了不正当的措施,如采用以喷水灭油火的错误措施,和无法进入舵机间的行为,导致海难的发生。故对船上各项设备的了解和正确使用是非常重要的。曾有一艘货轮,其舱中装的是白糖,在上海港靠泊码头后,在卸货过程中,货舱中突然起火,负责人即电话通知消防部门派消防车来灭火。就在消防人员准备喷水灭火时,有一位工程师发现船上有二氧化碳的设备可以灭火,遂谢绝了消防人员,而采用船上原有的二氧化碳消防设备,利用二氧化碳的喷剂灭火,不但消除了火患,还保存了舱内所装的糖,使这批货基本不受损失,由此可见掌握知识,了解并能操作各项设备的重要性。

此外,坚决杜绝在“禁止吸烟”区吸烟,也是必须认真执行的。

二、在风浪中救生

案例8－2
“沃尔图诺”轮的救生经历

经过：“沃尔图诺”轮是一艘3000吨级的中型客轮，它于1913年4月，由荷兰国的鹿特丹港开往美国的纽约港。开航一周以后，当该轮行驶在大西洋上时，船上突然发生了大火，考虑到无法施救，船长当即发出了求救电报，此时洋面狂风巨浪。虽曾放下几艘救生艇，但转眼工夫，一些艇艇底朝天，另一些则消失在大洋中。不久共有18艘船开来，形成了一支庞大的救援船队。但因浪大，无法靠泊和放救生艇救人，故这些船也爱莫能助。随着时间的流逝，“沃尔图诺”轮的火情已更为严重，面临沉没的危险。但就在此时，大型油轮“纳拉甘赛特”号驶到现场，油轮船长在看清形势后，命令船员在水面上浇上一层浮油。这样，海浪逐渐减低。18艘救援船于是立即纷纷放下救生艇，将“沃尔图诺”轮上的旅客和船员救出。“沃尔图诺”轮很快就被大火吞没了。在这次海难中，有521人获救，136人失踪，失踪者大多是冒险抢坐救生艇离开“沃尔图诺”轮而丧生的。在这次狂风巨浪面前浮油充分起到了镇浪的作用。

根据前人的经验，以油镇浪在深水中效果最好；重油、原油、动、植物油及机器用后的废机油镇浪效果都较好，而精炼的煤油则效果差。

三、防止主机的故障

在恶劣的环境下，主机有时是会发生故障不能运行的，这会带来很多严重的后果，为了防止危险，需要在开航前做好一些预防工作，主要如下：

(1)启航前向公司领导报告航行计划，以便在无法通讯时，可按原订的计划航线去找。

(2)如果是主、副机都是杂牌的中、高速内燃机,而回国途中要经过大浪区,则须考虑用轻柴油,以防在大风浪中突然停车,造成危险。

(3)船内货物和用品要固定好,以防在遇到来自舷侧的风浪使船在发生大角度横摇时,货物和用品发生位移,引起船舶横倾而发生危险。

(4)启航前,根据航行计划估计所要经过海区的风浪情况,从资料中查出将会遇到的波浪周期、波长和波高。为了安全,要避免船舶的横摇周期与波浪周期发生共振和横摇角过大造成危险而控制船的稳心高度。根据现有资料,当风力达6级时,波浪周期约为7.2秒;7级风时,波浪周期约为8.9秒;8级风时,波浪周期约为10.6秒。此数字可供参考。

后　记

在本书提到的八种情况的海难中，共发生了海事和海难 52 件，沉船 51 艘，遇难者（不完全统计）11092 人；其中有资料的沉船 33 艘（渔轮未计），遇难者超过 9000 人，可谓悲惨。且其中有些船是全船人员随船覆灭的，这些船的遇难人数不详，故未统计入上述遇难人数内。

从这些海难悲剧中，我们必须吸取教训找出原因，以免类似海难的再度发生。

一、为防止海事和海难的发生建议注意事项

1. 关于船级社的规定要求方面

必须执行船检部门签发的适航证书的各项要求。检查：

（1）水密门窗及舱盖是否达到水密要求。

（2）船舶是否超载，以免使船的吃水加深、干舷减少，造成海浪容易打上甲板。

（3）旅客是否超额，救生设备是否足够。

（4）抗风等级及航区限制。

2. 规章制度的执行方面

（1）公司的“船东指示”及“船员职务规则”等文件是否能贯彻。

（2）航行前和航行中对船舶情况的检查，在发现有不适航情况时，即予纠正使之达到适航的要求。

（3）航行中注意观察海面的气象和周围情况，在发现有不正常情况时，即报告船长，观察船舶的横摇周期，并报知公司，按时向公司报告船位。

（4）严格服从并执行当地主管部门和代理的通知。

3. 航线设计和执行方面

（1）海图是否是新版，并已按最新的“航海通告”予以改正。

(2)在选择并划出远洋航线前,先阅读航路指南和英版世界航路后再做决定;尽量使用推荐航线;转向点要能定位。预测通过狭水道的时间,避免夜间在难行驶的水域和在无航标灯的狭水道中行驶,随时注意航向。

(3)离港前校对罗经、导航仪器,并测定静水航速,检查雷达及甚高频无线电话的情况,如不正常,即予修复,测准离港后的最后一个船位。

(4)在能见度恶劣时,避免高速航行,并要使用雷达观察海面情况和用甚高频无线电话16频道报告本船船位及动态,也要收听他船信号,及时采取必要的避碰措施。除严格执行避碰规则的规定外,对计程仪的读数勿过分信任,对海图上的积算船位也切勿过分信任。在预计应见到目标的时间而不能见到时,可测深、探底质,必要时可下锚以待能见度好转后,再开航。

(5)要估计到有可能会遇到在大风浪中灯浮标熄灭、移位或无人看守灯桩的灯光熄灭情况。

4.关于船舶情况

(1)了解船舶技术状态:如核定的航区、船的抗风等级、船龄、壳板厚度、隔舱壁是否良好、静水航速、船吃水及油、水存量等。

(2)了解载货情况:包括货物数量、品种、固定工作、货物休止角,如有危险品必须按规定装卸,并根据可能会遇到的风浪周期而选定适合的稳心高度,使之产生的船舶横摇周期能避开风浪周期,并在开航前达到该稳心高度值。

(3)了解气象情况:避开大风、大浪海域,要估计船在风浪中的航速;在见到不应见到的目标时,应分析原因,并注意是否是海市蜃楼,且用雷达校对。

(4)了解船舶及驾、机人员的证书是否合格,对不合格者即予解聘,对船员的工作责任心及技术水平予以关注。

(5)注意校对消防及救生设备的情况,了解各种设备的操作要求,在有条件时即予操练。

二、本节所述海难案例涉及主要类型

(1)因碰撞造成的海难,在所述的海难中,碰撞案3起,沉船5艘,遇难者

3770人。

(2)因火灾而沉没的船舶,所述的海难中虽仅谈到“大舜”号轮及“沃尔图诺”号2艘,但遇难者达416人。

(3)航行中未认真定位而造成船舶触礁沉没的海难,导致遇难者达1177人。

(4)将船驶入世界上著名的大浪区,因波涛太大而损伤船体使船沉没的,所述海难中有6艘数万吨级的大型货轮在大浪中失踪。

(5)船舶稳性不当,造成船在波浪中倾覆,导致有660人遇难。

三、针对复杂多变的海上情况,提出下列各点作为参考

(1)熟读、理解并遵照国际海上避碰规则的规定去做。从所述海难中看,“维克多”轮、“太平”轮及“愉成”轮的当值驾驶员,都是因未遵照避碰规则的要求去做而发生碰撞沉船海难。

(2)对船舶的性能要了解。这主要是指船舶的尺度、吃水,静水航速;主机功率、螺旋桨转速与静水航速的关系;主机从定速到停车所需时间;船龄;壳板厚度;隔舱壁是否良好;通往各舱室的通道;水密门窗及舱盖与救生设备和消防设备的现状;以及通信设备等;总之要符合船级社的要求,才能出海执行任务。

(3)航行方面建议注意下列各点:

①制定航行计划时要参考航路指南,考虑到通过狭水道的时间及潮流和潮高情况,预计夜间航行时经过海域的情况,避免在夜晚到达难于测定船位的水域,并将航行计划上报公司调度部门;

②核对罗经的误差,了解导航仪器的自差值,检查雷达、测向仪、无线电导航仪器及甚高频无线电话的情况,如不正常即予修理;

③明确测定转向点的目标,了解在接近陆地时初见山的山形和灯标的灯质和附近水深情况(白天要利用海图上山形的等高线以判断山脉,夜晚要根据灯塔的灯质和闪光周期以判定灯塔,如有怀疑时,需测深或探底质,以确定船位);

④出航时,先检查船体方面的情况,要符合船级社要求,才能出航。特别要注意客船的乘客不能超过额定的乘客人数,救生设备的数量能满足全船人数的要求;

⑤由于航行在海上遇到的强风,其风力多为 6 ~7 级,故产生的波浪周期多为 7.2 ~8.9 秒,为防止船舶的横摇周期与之相近,以致产生共振。而船舶的横摇周期与船的宽度及稳心高度有关,而船的宽度是不变的,故须注意船的稳心高度(h 或 GM)的值。一般在出海后,应将船的横摇周期报告公司。当船的横摇周期与波浪周期相近时,应避免在横浪中航行;转向时要注意对船舶的操纵措施。

以上是根据现有资料,以经验和理论为基础作出的推断,但都是在海难发生后从分析中得出的结论,而实际情况是船在航行中,有些决断是必须在瞬间作出的。从造成海难的当事人来看,虽然有些是资历较浅、经验不足的驾驶员,但也有有多年航海经验的资深船长(如“泰坦尼克”号的船长)。虽然这些人都有航海经验,但船在航行中遇到的情况是复杂的,遇到的矛盾往往有多种,当然其中必有一种是主要的、起着决定性的作用,其他的则处于次要的地位。从本书所述海难发生的情况看,大体上的原因是对情况判断错误和经验不足两种,也就是涉及航海理论和经验两方面的问题。以“泰坦尼克”号轮的海难为例来分析,该船舶的所有人是白星公司,这是英国的一家大轮船公司,在航前公司对船舶的检查是严格的,但却未注意到救生艇的数目是否足够;在冰区航行中时,船长安排人员瞭望,这个措施是正确的,但却未考虑到气温过低表示冰山很近,而在能见度恶劣时,却又高速航行,以致在发现冰山后避让不及,最终造成了海难。这些海难的发生告诉我们,人的认识是有限的,正如俗语所说的“祸患常积于忽微”一样,有些情况往往考虑不到、出乎意料。故航行中应以慎重为主,要防患于未然。遇到问题要多加分析,看问题不要只看局部,而要看全体。也就是说要全面地看问题,不但要看到事物的正面,也要看到其反面;不仅要看外部现象,还要分析其内部原因。总之,简单化地作绝对性的判断和行动是不行的,只有进行全面的、深入的考察分析才能得出比较正确的结论,取得安全航行的效果。本人从事海航工作几十年,现仅将多年来积累的粗浅体会发表于此与同行朋友们探讨、交流。

吴昌世

2020 年 3 月于广州

参考文献

[1] 罗卡塞维奇,等.船舶原理[M].北京:人民交通出版社,1955.

[2] 辛一心.船舶构造力学[M].北京:科技卫生出版社,1958.

[3] 盛振邦,等.船舶静力学[M].上海:上海交通大学出版社,1991.

[4] 勃拉柯维新斯基.船舶原理手册[M].北京:机械工业出版社,1960.

[5] 须田皖次.海洋科学[M].北京:科学出版社,1958.

[6] 陶尧森.船舶耐波性[M].上海:上海交通大学出版社,1996.

[7] 陈家辉.航海气象[M].大连:大连海运学院出版社,2000.

[8] 王可,全钢.海难揭秘[M].北京:海潮出版社,2004.

[9] 徐德胜.变幻的大西洋坟场[M].北京:海洋出版社,1985.

[10] 卓力.瞬间的毁灭[M].北京:中国民族摄影艺术出版社,2001.

[11] 张典婉.太平轮一九四九[M].北京:生活·读书·新知三联书店,2011.

[12] 王佩云.激荡中国海[M].北京:作家出版社,2010.

[13] 广州远洋运输公司航安部.海务资料汇编[M].广州:广州远洋运输公司,1990.

[14] 中国航海学会.海损事故案例选编(第1辑)[M].北京:中国航海学会,1983.

[15] 余音.惊涛骇浪——世界大海难揭秘[M].哈尔滨:北方文艺出版社,2013.

[16] 中华人民共和国船舶检验局.海船稳性规范[S].北京:人民交通出版社,1986.

[17] 中华人民共和国港务监督局.1972年国际海上避碰规则[S].北京:人民交通出版社,1987.

[18] 中华人民共和国船舶检验局.船舶检验局海船法定检验技术规则[S].北京:

人民交通出版社,1992.

[19] Command of Their Lordships; Admiralty; S. W. 1. *Admiralty Navigation Manual Volume III*; His Majesty's Stationary Office: London, UK, 1938.

[20] G. P. D. Hall. *Ocean Passages for the World*, 3rd ed; The Hydrographer of The Navy: London, UK, 1973.

[21] D. W. Haslam. *China Sea Pilot Volume II*, 4th ed; The Hydrographer of The Navy: London, UK, 1982.

[22] D. W. Haslam. *China Sea Pilot Volume III*, 4th ed; The Hydrographer of The Navy: London, UK, 1982.

[23] R. O. Morris. *China Sea Pilot Volume I*, 4th ed; The Hydrographer of The Navy: London, UK, 1987.